Marion Statz

Liebe – Körper – Gefühle

Eine Werkstatt zum Sexualunterricht für die Klassen 3 und 4

Illustrationen: Corina Beurenmeister

Auer Verlag GmbH

Gedruckt auf umweltbewusst gefertigtem, chlorfrei gebleichtem
und alterungsbeständigem Papier.

1. Auflage. 2004
Nach der Neuregelung der deutschen Rechtschreibung
© by Auer Verlag GmbH, Donauwörth
Alle Rechte vorbehalten
Das Werk und seine Teile sind urheberrechtlich geschützt. Jede Nutzung in anderen als den gesetzlich zugelassenen Fällen
bedarf der vorherigen schriftlichen Einwilligung des Verlages.
Hinweis zu § 52a UrhG: Weder das Werk noch seine Teile dürfen ohne eine solche Einwilligung eingescannt und in ein Netzwerk eingestellt werden. Dies gilt auch für Intranets von Schulen und sonstigen Bildungseinrichtungen.
Illustrationen: Corina Beurenmeister
Satz: Fotosatz H. Buck, Kumhausen
Druck und Bindung: Ludwig Auer GmbH, Donauwörth
ISBN: 3-403-03889-0

Inhalt

1 Die Grundlagen der Werkstatt „Liebe, Körper, Gefühle" 4

1.1 Schulische Sexualerziehung 4
1.2 Zusammenarbeit mit den Eltern 4
1.3 Werkstattunterricht 5
1.4 Durchführung der Werkstatt 5

2 Die Materialien der Werkstatt 7

2.1 Übersicht über die Angebote/Regeln für die Werkstattarbeit 7
2.2 Werkstattmaterialien Liebe 14
2.3 Werkstattmaterialien Körper 37
2.4 Werkstattmaterialien Gefühle 75

1 Die Grundlagen der Werkstatt „Liebe, Körper, Gefühle"

Was für Gefühle hat man, wenn man verliebt ist? Was ist Sex? Wie kommt der Samen in den Bauch der Frau? Wie macht man Kinder? Wie sieht ein Penis aus? Was ist Sperma? Wo ist der Samen im Penis? Wie macht man Liebe? Wie wird der Penis steif? Was ist „ficken"? Was ist „bumsen"? Warum machen Erwachsene Sex? Was ist Liebe? Kann man als Kind richtige Liebe fühlen? Mit wie viel Jahren kann man Sex machen? Wie fühlt sich Sex an? Warum verändern wir uns? Was passiert mit meinem Körper? Wieso kriegen Mädchen ihre Tage?

Das sind ausgewählte, aber typische Fragen, auf die Kinder im dritten und vierten Schuljahr eine Antwort suchen. Sie wurden anonym in Klassenbriefkästen mit der Themenaufschrift „Liebe, Körper, Gefühle" an drei verschiedenen Schulen gesammelt.

Diese und viele andere Kinderfragen sind Grundlage der vorliegenden Werkstatt. **Sie versucht, den Wissensdurst der Kinder aufzufangen und sensibel auf deren Fragen zu reagieren. Hauptziel der Werkstatt ist die selbstständige Beantwortung individueller Fragen zur Sexualität durch speziell auf den Bedarf der Kinder ausgerichtete Angebote.**

Der menschliche Körper, die Veränderungen während der Pubertät, Gefühle, insbesondere die Liebe, die Schwangerschaft und die Geburt sind Themen der Werkstatt.

Das Unterrichtsvorhaben versucht aufzuklären, Wissen zu vermitteln sowie ein natürliches und positives Verhältnis zur Liebe und zum eigenen Körper aufzubauen. Die emotionale Dimension der Sexualität wird hervorgehoben.

und ergänzt die Sexualerziehung durch die Eltern. Ihr Ziel ist es, die Schüler altersgemäß mit den biologischen, ethischen, sozialen und kulturellen Fragen der Sexualität vertraut zu machen. Sie soll den Schüler zu verantwortungsbewussten, eigenverantwortlichen und sittlich begründeten Entscheidungen, insbesondere in Ehe und Familie, und zur Toleranz gegenüber anderen Lebensweisen befähigen."

Diese Ziele und Grundeinstellungen müssen schon in der Grundschule angebahnt werden, denn im Grundschulalter beginnt die aktive Auseinandersetzung der Kinder mit dem Thema „Sexualität". Eine natürliche Neugier bezüglich der Geschlechtsunterschiede und der eigenen Herkunft wächst.

Die Definition des Begriffes „Sexualität" ist in den Richtlinien zur Sexualerziehung des Landes Nordrhein-Westfalen, sie sind im Jahr 2000 in Kraft getreten, sehr weit gefasst:

„Sexualität ist eine Lebenskraft, die in allen Phasen des menschlichen Lebens körperlich, geistig-seelisch und sozial wirksam wird. Sie ermöglicht nicht nur die Weitergabe von Leben. Sie ist ebenso eine Quelle von Lebensfreude. In der Bindung an andere Menschen gibt sie die Erfahrung von Vertrauen, Geborgenheit, Lust, Zärtlichkeit und Liebe. Sie hat so eine wichtige Funktion bei der Entwicklung der Persönlichkeit und für das seelische Gleichgewicht des Menschen. Sie beeinflusst nachhaltig den Aufbau und die Gestaltung sozialer Bindungen und die Entwicklung persönlicher Verantwortung."

Diesem umfassenden Begriff versucht die Werkstatt „Liebe, Körper, Gefühle" gerecht zu werden, weshalb auch der dreiteilige Titel gewählt wurde.

1.1 Schulische Sexualerziehung

In den Bundesländern sind die rechtlichen Grundlagen schulischer Sexualerziehung in den Schulgesetzen bzw. Schulordnungsgesetzen sowie in den Richtlinien und Lehrplänen festgelegt. So heißt es zum Beispiel im §1 Absatz 5 des Schulordnungsgestzes des Landes NRW:

„Die Sexualerziehung gehört zum Erziehungsauftrag der Schule. Sie erfolgt fächerübergreifend

1.2 Zusammenarbeit mit den Eltern

„Die Sexualerziehung ist Teil des natürlichen und verfassungsmäßig verankerten Erziehungsrechts und der Erziehungspflicht der Eltern. Die Schule und damit alle Lehrerinnen und Lehrer sind im Rahmen ihres gesetzlichen Erziehungsauftrags zur Sexualerziehung verpflichtet; diese ergänzt die Sexualerziehung durch die Eltern. Angesichts der Bedeutung der sexuellen Sozialisation und der sexuellen Identitätsfindung für die Persönlichkeitsentwicklung muss die Schule besonderen Wert auf die Mitwirkung der Eltern legen." (Richtlinien zur Sexualerziehung des Landes NRW 2000, S. 8)

Das Schulordnungsgesetz des Landes NRW gebietet es, dass die Schule Ziele, Inhalte und Methoden der Sexualerziehung den Erziehungsberechtigten bekannt gibt, begründet und mit ihnen berät. Da das methodische Vorgehen auch vom Medieneinsatz bestimmt wird, erstreckt sich die Informations- und Beratungspflicht auch auf die Medien.

Die Bereitschaft der Eltern zur konstruktiven Mitarbeit wächst in dem Maße, wie sich die Schule um enge Kontakte, rechtzeitige Informationen und wechselseitig stützende Zusammenarbeit bemüht. Die Erziehungsberechtigten sollten umfassend auf einem Elternabend informiert werden.

Schule und Eltern haben also die Pflicht, Kinder altersgemäß, sensibel und ehrlich aufzuklären, den Fragen der Kinder sollten sie jederzeit offen begegnen.

Es hat sich bewährt, die Fragen der Kinder zum Thema „Liebe, Körper, Gefühle" bereits vor Beginn der Unterrichtsreihe anonym in einem Klassenbriefkasten zu sammeln. Die Angebote der Werkstatt können dann den Bedürfnissen und dem Entwicklungsstand der Kinder angepasst werden. Auch während der Unterrichtsreihe kann der Briefkasten noch für weitere Fragen und Anregungen, die von den Kindern kommen, genutzt werden.

Als sehr produktiv hat es sich erwiesen, die Eltern zu Beginn des Elternabends mit den anonym gesammelten Fragen der Kinder zu konfrontieren. Die Fragen können z. B. als stiller Impuls an die Wand projiziert werden. Dadurch ergibt sich ein reger Gedankenaustausch zur Sexualerziehung. Den Eltern soll die Wichtigkeit der offenen und ehrlichen Behandlung des Themas deutlich werden. Danach kann sich die Vorstellung der Werkstatt anschließen. Gibt es aus kulturellen oder religiösen Gründen vonseiten der Erziehungsberechtigten Bedenken, sind diese ernst zu nehmen. Falls erforderlich, können einzelne Angebote für bestimmte Kinder aus dem Arbeitsnachweis herausgenommen werden.

Themen wie Aids oder sexueller Missbrauch wurden bewusst nicht für die Werkstatt aufbereitet. Die Kinder müssen bei diesen Themen von den Erwachsenen „aufgefangen" werden. Sie sollten also – falls erwünscht – im Gespräch mit der Lehrerin bzw. dem Lehrer erörtert werden.

1.3 Werkstattunterricht

„Werkstattunterricht" meint einen Unterricht, der wie eine Werkstatt organisiert ist:
- In einer Werkstatt wird gearbeitet.
- Alle arbeiten an verschiedenen Dingen.
- Hier arbeitet jemand allein, dort arbeiten Gruppen.
- Nicht überall ist die Lehrerin oder der Lehrer dabei. Sie oder er steht aber jederzeit für Fragen zur Verfügung.

Durch die Einrichtung einer Werkstatt soll den Kindern ein möglichst großer Spielraum für Eigenaktivität geboten werden. Die Selbstständigkeit des Lernens wird gefördert, was sich positiv auf die Anstrengungsbereitschaft und die Lernmotivation auswirkt. Der Werkstattunterricht wird den verschiedenen Voraussetzungen, Interessen und Lernmöglichkeiten der Kinder in besonderem Maße gerecht. Das individuelle Arbeitstempo findet Berücksichtigung.

Durch das selbstständige Arbeiten bleibt der Lehrerin oder dem Lehrer Zeit, einzelne Schüler intensiver zu betreuen oder die Kinder während ihrer Arbeit zu beobachten.

Jedes Kind erhält die Möglichkeit, sich ganz individuell und unter Wahrung der Intimität mit dem Thema selbstständig auseinander zu setzen.

Im gemeinsamen, eher lehrerzentrierten Unterricht wären manche Kinder vielleicht nicht in der Lage, ihre Fragen und Gefühle vor der Klasse auszudrücken. Ihnen soll in der Werkstatt Zeit gegeben werden, Antworten auf ihre Fragen zu finden. Unbehelligt von anderen Kindern können sie die gewünschten Informationen erlangen.

Es soll eine Arbeitsatmosphäre geschaffen werden, die kindlichen Fragen Raum gibt, Gefühle akzeptiert und einzelnes sowie gemeinsames Erkunden erlaubt.

Wichtig für eine erfolgreiche Sexualerziehung sind:
- die behutsame Aufarbeitung des Themas,
- Vertrauen zwischen den Schülern und
- ein ebenso vertrauensvolles Verhältnis der Schüler zur Lehrerin bzw. zum Lehrer.

Gegenseitige Achtung und Rücksichtnahme sollten das Klassenklima bestimmen.

1.4 Durchführung der Werkstatt

Die Angebote dieser Werkstatt wurden alle im Unterricht erprobt. Natürlich muss nicht alles eingesetzt werden. Wer keine Werkstatt durchführen möchte, kann die Materialien als Ideenfundgrube oder z. B. im Stationenbetrieb nutzen.

Die Werkstatt ist kindgerecht gestaltet und trotz des sensiblen Themas ohne weitere Aufbereitung sofort einsetzbar! Sie kommt fast ohne weitere Materialien aus, lediglich für den Arbeitsauftrag Körper 4 wird Zusatzmaterial benötigt (Binden, Tampons und eine Gebrauchsanweisung dazu).

Die Kinder können weitgehend selbstständig entscheiden, welche Angebote sie in welcher Reihenfolge bearbeiten möchten. Angebotslisten ermöglichen den Kindern und den Lehrerinnen und Lehrern den nötigen Überblick. Pflichtangebote für die ganze Klasse oder für einzelne Schüler können in diesem Plan gekennzeichnet werden.

Für jedes Angebot wird ein Helferkind bestimmt. (In vielen Werkstätten werden diese Kinder „Chefkinder" genannt. Ich bevorzuge die freundlichere und partnerschaftlichere Bezeichnung.) Jedes Helferkind ist für sein Angebot sowie für die Vollständigkeit der zugehörigen Materialien verantwortlich. Gleichzeitig soll es Fragen zum Angebot beantworten können. Daher müssen die Helferkinder zu Beginn der Werkstatt zuerst ihr eigenes Angebot bewältigen, um für spätere Fragen kundig zu sein.

Zur Einstimmung der Kinder kann jede Werkstattstunde mit einem gemeinsamen Spiel, Gespräch, einer Geschichte oder einem Gedicht passend zum Thema eingeleitet werden. Die Spiele sollten die Kontaktfreudigkeit und Kooperationsbereitschaft der Kinder stärken, Hemmungen abbauen und die Kinder darin bestärken, ihre Gefühle auszudrücken.

Danach kann die individuelle Arbeit an den Angeboten beginnen. Hilfreich ist ein eigenes Themenheft (A4), in dem der Angebotsplan eingeklebt wird und Arbeitsaufgaben ausgeführt werden. Dadurch wird für Kinder und Lehrer die geleistete Arbeit überschaubarer.

Die Karten mit den Arbeitsaufträgen haben etwa das A5-Format und können zur Verbesserung der Haltbarkeit laminiert oder in Folien eingelegt werden. Der obere Balken macht deutlich, zu welchem Hauptthema das Angebot gehört, welche Nummer es trägt und ob es ein Angebot für die Einzel- oder Partnerarbeit ist. Ist der obere Balken grau unterlegt, bedeutet dies, dass es zu diesem Angebot weitere Arbeits- oder Textblätter gibt. Die zugehörigen Blätter können in bereitstehenden Ordnern oder in einzelnen Fächern aufbewahrt werden. In der Praxis hat es sich aber besonders bewährt, jedes Angebot mit Arbeitsauftrag und zugehörigen Arbeitsblättern in eine eigene Ablage zu legen und alle Ablagen auf die Fensterbänke und Regale zu verteilen. Auf den Ablagen kann auch die Nummer des zugehörigen Angebots notiert werden. Jedes Angebot hat dann seinen festen Platz in der Klasse. Außerdem können Fotos oder Namensschilder der jeweiligen Helferkinder mithilfe von Wäscheklammern befestigt werden. So sehen die Schülerinnen und Schüler sofort, an wen sie sich mit ihren Fragen zum Angebot wenden können.

Die Arbeitszeit richtet sich nach dem Konzentrationsvermögen und dem Arbeitswillen der Kinder. In der praktischen Erprobung der Werkstatt hat sich eine Arbeitszeit zwischen 40 und 60 Minuten als günstig erwiesen. Gegen Ende der Arbeitszeit kann leise eine ruhige (Entspannungs)Musik eingeblendet werden. Während die Musik läuft, füllen die Kinder ihre Arbeitsnachweise aus und räumen auf. Die Helferkinder ordnen ihre Materialien und kontrollieren sie auf Vollständigkeit. Die Einblendung der Musik hat den Vorteil, dass die ruhige Atmosphäre in der Klasse auch beim Aufräumen erhalten bleibt.

Die Arbeitsnachweise bieten den Kindern auch die Möglichkeit der Selbstreflexion. In einer der Spalten können sie ein lachendes Gesicht eintragen, wenn sie das Angebot ordentlich, ruhig und zügig bearbeitet haben. Ein trauriges Gesicht sollen die Kinder zeichnen, wenn sie unkonzentriert oder nicht fleißig waren. Wenn es bei einem Angebot noch offene Fragen gibt, kann auch das durch eine Markierung kenntlich gemacht werden.

Kinder, die mit ihrem Angebot nicht fertig geworden sind, legen eine Namenskarte auf die entsprechende Ablage. Damit zeigen sie ihren Mitschülern und der Lehrerin bzw. dem Lehrer, dass sie in der nächsten Werkstattstunde hier weiterarbeiten möchten.

Die Werkstattstunden werden durch eine gemeinsame Reflexion abgerundet. Im Kreis können einzelne Kinder über die bearbeiteten Angebote berichten und Arbeitsergebnisse vorstellen. Die Werkstattstunde, das weitere Vorgehen, Fragen, Probleme sowie eventuelle Verbesserungsvorschläge können besprochen werden.

In der Praxis haben sich zusätzlich zur Werkstattarbeit geschlechtshomogene Fragestunden sehr bewährt. Eine Betreuung der Jungen durch einen Lehrer und der Mädchen durch eine Lehrerin ist dabei wünschenswert.

Viel Freude bei der Arbeit mit der Werkstatt!

2 Die Materialien der Werkstatt

2.1 Übersicht über die Angebote/Regeln für die Werkstattarbeit

		EA	PA	Seite
	Angebotsliste/Arbeitsnachweis Liebe			9
	Angebotsliste/Arbeitsnachweis Körper			10
	Angebotsliste/Arbeitsnachweis Gefühle			11
	Blanko-Liste			12
	Regeln für die Werkstattarbeit/Ablauf einer Stunde			13
Werkstattmaterialien Liebe				
1	Liebe oder Zuneigung zeigen	x		14
2	Der richtige Weg …	x		14
3	Gedichte	x		17
4	Elfchen	x		17
5	Geschichte oder Gedicht schreiben	x		20
6	Kuss oder Zungenkuss?	x		20
7	Liebe … – was ist das?	x		29
8	Liebeskummer	x		29
9	Liebessprüche	x		32
10	Sex: Ich warte noch ab …	x		32
11	Andere Ausdrücke für Sex	x		34
12	Was passiert beim Sex?	x		34
Werkstattmaterialien Körper				
1	Die Pubertät bei Jungen	x		37
2	Die Pubertät bei Mädchen	x		37
3	Geschlechtsorgane	x		42
4	Die Menstruation (Regel, Periode, Tage)	x		42
5	Penis – Erektionen – Samenergüsse	x		49
6	Angst und Neid		x	49
7	Körperkunst	x		52
8	Schwangerschaft: Texte und Bilder	x		52
9	Gewicht des Babys im Bauch der Mutter	x		64
10	Größe des Babys im Bauch der Mutter	x		64

		EA	PA	Seite
11	Was ein Baby im Bauch der Mutter schon alles kann	x		67
12	Die Geburt eines Kindes	x		67
13	Meine Geburt	x		73
Werkstattmaterialien Gefühle				
1	Wie fühlst du dich, wenn …?		x	75
2	Wie fühlst du dich heute?	x		75
3	Gefühle mitteilen können …	x		77
4	Erlebnisse erzählen		x	77

EA = Einzelangebot   PA = Partnerangebot    Werkstattmaterial

Pflicht-angebote	Angebote	bearbeitet am … (Datum eintragen)	Ordentlich, zügig und ruhig gearbeitet? ☺ ja ☹ nein	Hierzu habe ich noch Fragen!
	Liebe 1			
	Liebe 2			
	Liebe 3			
	Liebe 4			
	Liebe 5			
	Liebe 6			
	Liebe 7			
	Liebe 8			
	Liebe 9			
	Liebe 10			
	Liebe 11			
	Liebe 12			

Pflicht-angebote	Angebote	bearbeitet am … (Datum eintragen)	Ordentlich, zügig und ruhig gearbeitet? ☺ ja ☹ nein	Hierzu habe ich noch Fragen!
	Körper 1			
	Körper 2			
	Körper 3			
	Körper 4			
	Körper 5			
	Körper 6			
	Körper 7			
	Körper 8			
	Körper 9			
	Körper 10			
	Körper 11			
	Körper 12			
	Körper 13			

Pflicht-angebote	Angebote	bearbeitet am … (Datum eintragen)	Ordentlich, zügig und ruhig gearbeitet? ☺ ja ☹ nein	Hierzu habe ich noch Fragen!
	Gefühle 1			
	Gefühle 2			
	Gefühle 3			
	Gefühle 4			

Pflicht-angebote	Angebote	bearbeitet am … (Datum eintragen)	Ordentlich, zügig und ruhig gearbeitet? ☺ ja ☹ nein	Hierzu habe ich noch Fragen!
		bearbeitet am … (Datum eintragen)	Ordentlich, zügig und ruhig gearbeitet? ☺ ja ☹ nein	Hierzu habe ich noch Fragen!

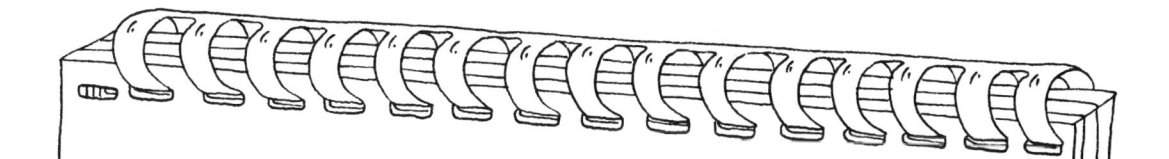

Regeln für die Werkstattarbeit

1. Sorgfältig und leise arbeiten!
2. Freie Angebote wählen!
3. Anweisungen genau lesen!
4. Musik? Aufräumen!
5. Arbeitsnachweis ausfüllen!
6. Nicht fertig geworden?
   Namensschild auf das Angebot legen.

Ablauf einer Werkstattstunde

1. Kreis: Spiele, Gedichte, kurze Geschichten, Fragen und Anregungen, „Duschen"
2. Arbeitszeit
3. Musik: langsam aufhören, aufräumen, Arbeitsnachweis ausfüllen
4. Kreis: Vorstellen der Arbeitsergebnisse, Fragen, Probleme …

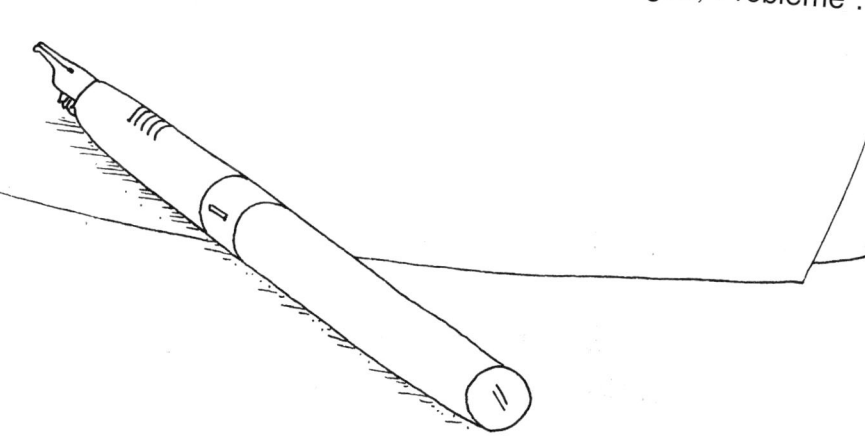

Duschen ist etwas Angenehmes und Warmes. Die Dusche im Kreis der Klassenkameraden und Klassenkameradinnen erfolgt mit Worten. Jedes Kindes im Kreis sagt dem „Duschkind", was es an ihm besonders mag. Es muss etwas Schönes und Wahres sein!

2.2 Werkstattmaterialien Liebe

Liebe Körper Gefühle — **Liebe 1**

Liebe oder Zuneigung zeigen

Lies dir den zugehörigen Text aufmerksam durch.
Schreibe ihn in Schönschrift und möglichst ohne Fehler in dein Heft.

Deine eigenen Erfahrungen kannst du auch aufschreiben:
Wie war es bei dir? Was hast du getan?

Liebe Körper Gefühle — **Liebe 2**

Der richtige Weg …

Lies den zugehörigen Text aufmerksam durch.

Schneide aus Zeitungen Bilder von Menschen aus, die ihre Gefühle zeigen! Traurige, lachende, verliebte … Menschen!

Klebe sie auf ein Plakat mit der Überschrift „Gefühle"!

Liebe Körper Gefühle   **Liebe 1: Textblatt**

Liebe oder Zuneigung zeigen

Es ist oft sehr schwer, Liebe oder Zuneigung zu zeigen.

Der Bauch tut schon lange weh, so gerne hat man den Jungen oder das Mädchen. Trotzdem hat man Angst, seine Gefühle zu zeigen. Unsicherheit und die Furcht vor Enttäuschung quälen einen. Auch könnten Kinder aus der Klasse lästern oder lachen.

Dieses mulmige Gefühl kennen Kinder und Erwachsene. Es erfordert viel Mut, es zu überwinden.

Wenn die Zuneigung für den anderen Menschen aber groß genug ist, findet man einen Weg, ihm diese zu zeigen!

Liebe Körper Gefühle **Liebe 2: Textblatt**

Der richtige Weg …

Den „richtigen Weg", seine Gefühle dem anderen Menschen zu zeigen, gibt es leider nicht. Man kann einen Brief schreiben, den Jungen oder das Mädchen einladen, man kann ihm oder ihr etwas schenken … Oder man sagt dem Jungen oder dem Mädchen: „Ich mag dich!"

Alle Wege sind schwer und erfordern Mut.

Manchmal lohnt es sich, manchmal werden die Gefühle nicht erwidert. Dann tut es weh und der Bauch schmerzt noch mehr. Doch dieses traurige Gefühl geht irgendwann vorbei.

Wird die Zuneigung erwidert, ist man froh und erleichtert. Dann „flattern Schmetterlinge im Bauch herum".

Liebe Körper Gefühle   **Liebe 3**

Gedichte

Suche dir ein Gedicht von den Textblättern aus und schreibe es in deiner schönsten Schrift auf ein Blatt.

Danach kannst du das Blatt verschönern.

Denke dir etwas aus, was zu dem Gedicht passt!

Wenn du möchtest, verschenke dein Gedichtblatt an jemanden, den du gerne hast.

Liebe Körper Gefühle   **Liebe 4**

Elfchen

Schreibe ein „Elfchen-Gedicht" über Liebe, Zuneigung oder ein anderes Gefühl. Ein Elfchen besteht aus nur 11 Wörtern:

erste Zeile: **ein** Wort	**Liebe**
zweite Zeile: **zwei** Wörter	Vorsichtiges Kribbeln
dritte Zeile: **drei** Wörter	Gefühle fahren Achterbahn
vierte Zeile: **vier** Wörter	Schmetterlinge tanzen im Bauch
fünfte Zeile: **ein** Wort	Angst

Liebe Körper Gefühle **Liebe 3: Textblatt 1**

Liebesgedicht

1. Weil du mich magst,
kann ich fliegen,
ohne Angst übers Haus.
Weil du mich magst,
lach ich abends
die Gespenster aus.
Ich kriege Herzklopfen,
wenn du nach mir fragst,
weil du mich magst.

3. Weil du mich magst,
seh ich Sterne
in der dunkelsten Nacht.
Weil du mich magst,
leb ich gerne,
und ich geb auf mich Acht.
Ich kriege Herzklopfen,
wenn du nach mir fragst,
weil du mich magst.

2. Weil du mich magst,
bin ich stärker
als der Löwe im Zoo.
Weil du mich magst,
bin ich mutig,
und ich freue mich so.
Ich kriege Herzklopfen,
wenn du nach mir fragst,
weil du mich magst.

4. Weil du mich magst,
will ich singen:
mal ganz leise, mal laut.
Weil du mich magst,
bin ich glücklich,
habe Gänsehaut.
Ich kriege Herzklopfen,
wenn du nach mir fragst,
weil du mich magst.

Jutta Richter

Aus: Jutta Richter/Konstantin Wecker: Es lebte ein Kind auf den Bäumen.
Mit durchgehend farbigen Bildern von Katrin Engelking und einem
eingelegten Notenheft.
© 2001 Carl Hanser Verlag, München – Wien

Liebe Körper Gefühle **Liebe 3: Textblatt 2**

Du

Ich geh in deinem Gesicht spazieren.
Alles ist vertraut:
dein Mund,
deine Nase.
Ich fühle
die weiche Haut
und muss halten
bei den lachenden Augen.
Ich zähle die kleinen Falten.
Kuschle mich
in deinen Arm,
fühl mich geborgen.
Du bist so warm.

Regina Schwarz

Aus: Hans-Joachim Gelberg: Überall und neben dir.
Beltz Verlag, Weinheim 1986

Liebe Körper Gefühle **Liebe 5**

Geschichte oder Gedicht schreiben

Vielleicht hast du selbst eine Idee für eine Geschichte oder ein Gedicht über Liebe, Zuneigung oder andere Gefühle.

Schreibe sie auf ein Linienblatt und überarbeite sie mithilfe eines Wörterbuches.

Falls dir nichts einfällt, schau dir die Bilder an, vielleicht können sie dir helfen!

Liebe Körper Gefühle **Liebe 6**

Kuss oder Zungenkuss?

Lies die Geschichte von Anna und dem Zungenkuss aufmerksam durch.

Versuche dir das Pärchen auf der Bank im Park vorzustellen.

Nimm dir nun ein leeres Blatt und male die beiden mit Buntstiften auf!

Liebe Körper Gefühle   **Liebe 5: Bild 1**

Liebe Körper Gefühle

Liebe 5: Bild 2

Liebe Körper Gefühle

Liebe 5: Bild 3

Liebe Körper Gefühle

Liebe 5: Bild 4

Liebe Körper Gefühle

Liebe 5: Bild 5

Liebe Körper Gefühle   **Liebe 6: Textblatt 1**

Zungenküsse

Vor Annas Haus ist ein Park. Ein kleiner Stadtpark mit einem alten Baum. Anna sieht ihn vom Fenster aus. Eine große, dicke Buche ohne Blätter. „Die Buche ist tot", sagt Papa. „Sie bekommt keine Blätter mehr." Anna glaubt ihm nicht. „Wenn die Buche steht, dann muss sie doch noch leben?" Papa schüttelt den Kopf.

Im Park stehen auch zwei Bänke. Auf der einen Bank sitzen
alte Leute. Die unterhalten sich.
Auf der anderen Bank sitzen junge Leute. Die küssen sich.
Papa beobachtet sie manchmal. Die jungen Leute. Anna auch.
Sie stehen dann nebeneinander am Fenster. Anna und Papa.
Der Junge, der so oft küsst, sitzt auf der Bank. Neben dem Mädchen mit den rotbraunen Haaren. „Seine Freundin", sagt Anna.
„Ja", sagt Papa. Ab und zu reden sie, aber meistens küssen sie sich.
„Wie machen sie das?", fragt Anna Papa.
„Was?"
„Das Küssen."
„Na ja", sagt Papa, „sie legen einfach die Lippen aneinander."
Anna runzelt die Stirn.
„Sie küssen sich ganz lange. So küssen wir uns nicht."
Mama setzt sich auf Papas Schreibtisch.
„Papa und ich schon. Manchmal."
„Ach ja?", fragt Papa. Mama lacht Anna an.
„Es passiert mehr als nur die Lippen aneinander legen. Papa hat noch etwas vergessen."
„Was denn?", fragt Anna.

Seite 1

Liebe Körper Gefühle **Liebe 6: Textblatt 2**

„Die Zungen. Die machen auch was."
Papa seufzt. „Muss das jetzt wirklich sein?"
Anna schaut aus dem Fenster. Der Junge und das Mädchen küssen sich noch immer.
„Was machen die Zungen denn?"
„Die Zungen streicheln sich", sagt Mama geheimnisvoll.
Papa verdreht die Augen und guckt zur Decke. Anna lacht.
„Wirklich?"
Mama nickt. „Nicht Schatz, so geht es doch?"
„Ich verstehe nichts", sagt Anna. „Was machen die Zungen denn?"
„Die berühren und umkreisen sich", antwortet Mama. „Zungenkuss nennt man das."
„Jetzt gehst du zu weit", ruft Papa.
Mama kichert.
„Echt wahr, Zungenkuss", flüstert sie Anna zu.
Der Junge und das Mädchen küssen sich immer noch.
Er hat den Kopf auf die Seite gelegt und streichelt die Haare des Mädchens. Sie fallen offen auf ihre gelbe Jacke.
„Macht Zungenküssen Spaß?"
„Ich finde schon", sagt Mama und sieht Papa an.
„Und du auch, nicht, Schatz?"
Papa schweigt.
„Nicht, Schatz?"
„… Ja …"
„Darf ich das mal bei euch sehen? Aus der Nähe?"
„Natürlich." Mama zieht Papa am Arm. „Komm, Anna will es sehen."
„Ich rechne gerade was aus …"

Seite 2

Liebe Körper Gefühle   **Liebe 6: Textblatt 3**

„Na los, tu's für deine Tochter." Mama schlingt die Arme um seinen
Hals und sie küssen sich. Mama streichelt Papas Kopf.
So wie der Junge es bei dem Mädchen macht. Anna sieht aufmerksam zu. Dann hören sie auf.
„Das war zu schnell. Noch mal."
„Okay", sagt Mama. „Okay", sagt Papa.
Und sie küssen sich noch mal.
„Aber ich seh nichts von den Zungen."
„Das passiert innen. In unserem Mund."
„Schade, dass ich das nicht sehen kann." Mama nickt.
Anna geht zurück zum Fenster. Papa auch.
Der Junge und das Mädchen küssen sich noch immer.
„Machen sie's immer noch?", fragt Mama. Anna nickt begeistert.
„Die küssen sich viel länger als ihr."
„Die sind auch viel jünger", sagt Papa. Anna runzelt die Stirn.
„Ich versteh nicht, was Papa meint."
„Ich auch nicht", sagt Mama.
„Da", ruft Papa, „sie hören auf." Das Mädchen steht auf und dreht
sich um. Sie sieht zu Annas Haus herüber. Anna hält sich die Hand
vor den Mund.
„Aber das ist nicht seine Freundin!"
Mama stützt sich auf Papas Schulter und schaut auch aus
dem Fenster.
„Er hat eine neue Freundin."
Papa lächelt.
„Deshalb küssen sie sich so lange."

Aus: Kaat Vrancken: Anna und die Sache mit der Liebe.
Mit Bildern von Rotraut Susanne Berner.
Copyright für die deutschsprachige Ausgabe
© Fischer Taschenbuch Verlag, Frankfurt am Main 1999

Seite 3

Liebe Körper Gefühle **Liebe 7**

Liebe … – was ist das?

Lies den Text aufmerksam durch.
Suche dir drei Sätze aus, die dir besonders wichtig erscheinen.
Schreibe sie mit der Überschrift „Liebe … – was ist das?" in dein Heft.

Liebe Körper Gefühle **Liebe 8**

Liebeskummer

Lies den Text aufmerksam durch.

Überlege dir, was du bei Liebeskummer machen kannst! Wie geht die schwere Zeit am besten vorbei?

Schreibe deine Ideen unter der Überschrift „Liebeskummer" in dein Heft. Male noch ein passendes Bild dazu!

Liebe Körper Gefühle **Liebe 7: Textblatt**

Liebe ... – was ist das?

Oft wissen nicht einmal Erwachsene eine Antwort auf diese Frage. Das ist auch nicht so einfach zu sagen. Es gibt viele unterschiedliche Formen von Liebe:

- Eltern haben ihre Kinder lieb.
- Kinder haben ihre Eltern lieb.
- Geschwister haben sich lieb.
- Menschen haben Tiere lieb.
- Freunde haben sich lieb, Freundinnen haben sich lieb.
- Liebespaare haben sich lieb.
- Jungen und Mädchen verlieben sich.

Wenn du dich verliebt hast, denkst du viel an den Jungen oder das Mädchen. Du möchtest viel über ihn oder sie wissen. Dein Herz klopft wild, wenn er oder sie in deiner Nähe ist. Du bist aufgeregt und manchmal sogar richtig zittrig. Manchmal sind die Gefühle so stark, dass du auch nachts von dem Jungen oder dem Mädchen träumst.

Wenn du den anderen Menschen so lieb hast, dass du nicht mehr ohne ihn sein möchtest, dann ist es **Liebe**.

Liebeskummer

Zur Liebe gehören viele unheimlich schöne Gefühle, manchmal macht sie aber auch traurig.

Nicht selten verliebt man sich, ohne dass daraus gleich eine liebende Freundschaft wird.

Es tut sehr weh, jemanden zu lieben, der die Liebe nicht oder nicht im gleichen Maß erwidert. Die Tränen, die wegen unglücklicher Liebe vergossen wurden, würden wahrscheinlich ganze Meere füllen.

Gerade der erste Liebeskummer ist besonders schwer.

Man weiß dann nämlich noch nicht, dass das Leben auch ohne diesen geliebten Menschen weitergeht. Man fällt in ein tiefes Loch und weiß nicht, wie man da jemals wieder herauskommen soll. Doch eins ist ganz sicher und jeder muss es lernen:

Die Zeit heilt alle Wunden, auch wenn es in diesem Moment nicht so aussieht. Das Leben ist trotzdem lebenswert. Es kommen immer wieder glückliche Zeiten.

Denkt man später über alles noch einmal nach, merkt man, dass man eigentlich gar nicht so gut zusammengepasst hat.

Liebe Körper Gefühle **Liebe 9**

Liebessprüche

Suche dir einen Spruch aus und male mit Wasserfarben
oder Wachsmalstiften ein passendes Bild dazu!

Liebe ist … wie Schmetterlinge im Bauch.
Liebe ist … wie auf Wolken schweben.
Liebe ist … wie Flugzeuge im Bauch.
Liebe ist … wie eine Krankheit, für die es keine Medizin gibt.

Liebe Körper Gefühle **Liebe 10**

Sex: Ich warte noch ab …

Lies dir den Text aufmerksam durch!
Schreibe die Überschrift und die Fragen in dein Heft.
Beantworte die Fragen schriftlich!

1. Was bedeutet der Ausdruck „das Höchste der Gefühle"?
2. Was für Gründe gibt es, mit dem Sex noch zu warten?

Liebe Körper Gefühle **Liebe 10: Textblatt**

Sex: Ich warte noch ab …

Wenn zwei Menschen sich lieben, wollen sie sich sehr nahe sein. Es ist schön, sich zu küssen, miteinander zu kuscheln und sich gegenseitig zu streicheln. Miteinander schlafen, zusammen Sex haben, ist dann für viele Pärchen das Höchste der Gefühle.

Sex kann aber nur dann Spaß machen und schön sein, wenn es beide wollen und sich dabei wohl fühlen.

Es gibt viele Gründe, warum Menschen erst eine Zeit abwarten, bis sie mit dem Freund oder der Freundin Sex haben:

- Viele Jugendliche warten mit dem Sex, weil sie sich noch zu jung fühlen.
- Andere wollen mit dem Sex noch warten, weil sie sich nicht sicher sind, ob sie den Freund oder die Freundin wirklich lieb haben.
- Oft fehlt einfach noch das Vertrauen zu dem anderen Menschen.
- Manchmal müssen Menschen mit dem Sex warten, weil sie noch nicht über die Verhütung gesprochen haben.
- Es gibt aber auch Menschen, die mit dem Sex warten wollen, bis sie verheiratet sind.

Liebe Körper Gefühle **Liebe 11**

Andere Ausdrücke für Sex

Geschlechtsverkehr, körperliche Liebe, poppen, miteinander schlafen, miteinander Liebe machen, ficken und bumsen sind alles unterschiedliche Ausdrücke für Sex. Sex soll etwas sehr Schönes sein, das beiden Spaß macht und bei dem man sich seine Liebe zueinander zeigt. Leider gibt es einige Ausdrücke, die sich nicht so schön anhören oder gar als Schimpfwort benutzt werden.

Denke darüber nach, welche Ausdrücke du schön findest!

Liebe Körper Gefühle **Liebe 12**

Was passiert beim Sex?

Versuche die Lücken im Text auszufüllen. Die Bilder können dir dabei helfen.

Unterstreiche danach drei Sätze, die dir besonders wichtig erscheinen.

Liebe Körper Gefühle **Liebe 12: Arbeitsblatt**

Was passiert beim Sex?

Wenn ein Mann und eine Frau sich sehr lieb haben und zusammen schlafen wollen, müssen sie sich zuerst überlegen, wie sie verhüten wollen. Ohne _____, Pille oder andere Verhütungsmittel kann nämlich beim Sex ungewollt ein Kind entstehen.

Zuerst schmust, küsst und streichelt man sich. Der _____ des Mannes wird dann ganz steif und groß. Jetzt kann er vorsichtig in die Scheide der Frau eindringen. Die Liebenden sind sich dabei ganz nah. Viele schöne Gefühle sollten jetzt dabei sein. Wenn man sich ganz doll lieb hat und sich vertraut, kann es beiden Spaß machen. Durch liebevolles Streicheln und _____ sowie durch Auf- und Abbewegungen des Penis in der Scheide der Frau können die Frau und der Mann zum Orgasmus kommen. Beim Mann kommt dabei Samenflüssigkeit (Sperma) aus dem Penis geschossen, die ähnlich wie ein heller Milchbrei aussieht. Darin sind viele Millionen von kleinen _____, die in die _____ der Frau wollen.

Einige der Samen schaffen es bis zu den Eileitern der Frau.
Wenn sich dort zu dieser Zeit eine reife Eizelle befindet, kommt es zwischen dem Samen und der Eizelle zur Verschmelzung.
Diese befruchtete Eizelle ist der Anfang für einen neuen Menschen.
Ein _____ (Embryo) wächst im Bauch der Mutter heran.

Liebe Körper Gefühle **Liebe 12: Lösungssblatt**

Was passiert beim Sex?

Wenn ein Mann und eine Frau sich sehr lieb haben und zusammen schlafen wollen, müssen sie sich zuerst überlegen, wie sie verhüten wollen. Ohne **Kondom**, Pille oder andere Verhütungsmittel kann nämlich beim Sex ungewollt ein Kind entstehen.

Zuerst schmust, küsst und streichelt man sich. Der **Penis** des Mannes wird dann ganz steif und groß. Jetzt kann er vorsichtig in die Scheide der Frau eindringen. Die Liebenden sind sich dabei ganz nah. Viele schöne Gefühle sollten jetzt dabei sein. Wenn man sich ganz doll lieb hat und sich vertraut, kann es beiden Spaß machen. Durch liebevolles Streicheln und **Küssen** sowie durch Auf- und Abbewegungen des Penis in der Scheide der Frau können die Frau und der Mann zum Orgasmus kommen. Beim Mann kommt dabei Samenflüssigkeit (Sperma) aus dem Penis geschossen, die ähnlich wie ein heller Milchbrei aussieht. Darin sind viele Millionen von kleinen **Samen**, die in die **Gebärmutter** der Frau wollen.

Einige der Samen schaffen es bis zu den Eileitern der Frau. Wenn sich dort zu dieser Zeit eine reife Eizelle befindet, kommt es zwischen dem Samen und der Eizelle zur Verschmelzung. Diese befruchtete Eizelle ist der Anfang für einen neuen Menschen. Ein **Baby** (Embryo) wächst im Bauch der Mutter heran.

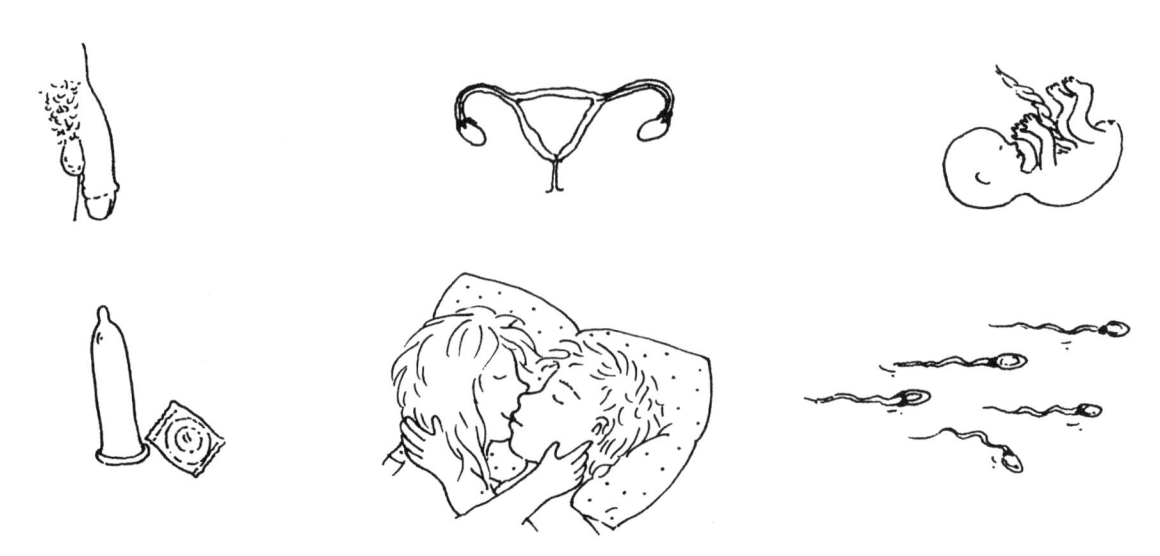

2.3 Werkstattmaterialien Körper

Liebe **Körper** Gefühle **Körper 1**

Die Pubertät bei Jungen

Schreibe den Text in dein Heft ab. Achte darauf, dass es einen Text für Mädchen und einen für Jungen gibt.

Unter dem Text ist ein Junge vor der Pubertät dargestellt. Male ihn möglichst genau ab. Male daneben den Jungen, wie du ihn dir während der Pubertät vorstellst.

Liebe **Körper** Gefühle **Körper 2**

Die Pubertät bei Mädchen

Schreibe den Text in dein Heft ab. Achte darauf, dass es einen Text für Mädchen und einen für Jungen gibt.

Unter dem Text ist ein Mädchen vor der Pubertät dargestellt. Male es möglichst genau ab. Male daneben das Mädchen, wie du es dir während der Pubertät vorstellst.

Liebe **Körper** Gefühle

Körper 1: Textblatt

Information für Mädchen:
Die Pubertät bei Jungen

Während der Pubertät finden im Körper wichtige Veränderungen statt. Es ist die Zeit, in der der Körper erwachsen wird. Das Wunderbare daran ist, dass Jungen danach Kinder zeugen können. Natürlich sollten sie das erst tun, wenn sie sich alt genug dafür fühlen!

Der Penis und die Hoden werden während der Pubertät größer. Oberhalb des Penis wachsen die ersten Schamhaare. Mit der Zeit werden es immer mehr. Auch in den Achselhöhlen sprießen die ersten Haare. Gleichzeitig setzt der Bartwuchs ein.

Auch die Stimme ändert sich. Sie wird tiefer und klingt weniger kindlich.

Der ganze Körper wird größer, der Oberkörper und die Schultern werden breiter.

Bei Jungen beginnt die Pubertät meist im Alter von 12 bis 15 Jahren, bei manchen Jungen früher, bei anderen später.

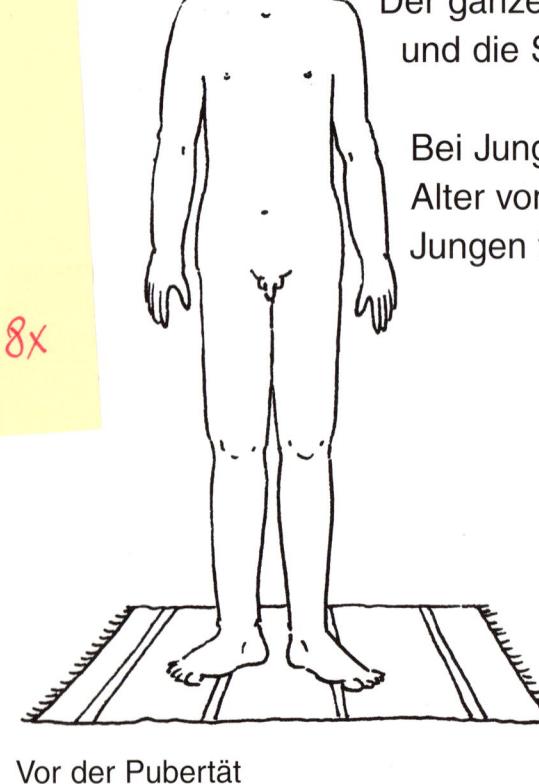

Vor der Pubertät ... und nachher?

Liebe **Körper** Gefühle **Körper 1: Textblatt**

Information für Jungen: Die Pubertät bei Jungen

Während der Pubertät finden in deinem Körper wichtige Veränderungen statt. Es ist die Zeit, in der dein Körper erwachsen wird. Das Wunderbare daran ist, dass du danach Kinder zeugen kannst. Natürlich solltest du das erst tun, wenn du dich alt genug dafür fühlst!

Dein Penis und deine Hoden werden während der Pubertät größer. Oberhalb des Penis wachsen die ersten Schamhaare. Mit der Zeit werden es immer mehr. Auch in den Achselhöhlen sprießen die ersten Haare. Gleichzeitig setzt der Bartwuchs ein.

Auch die Stimme ändert sich. Sie wird tiefer und klingt weniger kindlich.

Dein ganze Körper wird größer, dein Oberkörper und deine Schultern werden breiter.

Bei Jungen beginnt die Pubertät meist im Alter von 12 bis 15 Jahren, bei manchen Jungen früher, bei anderen später.

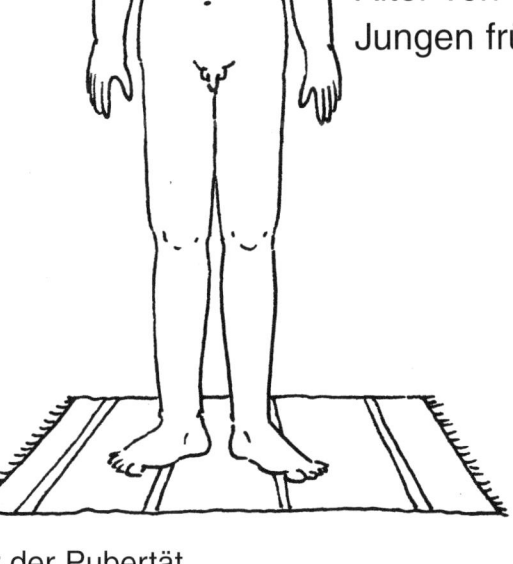

Vor der Pubertät   … und nachher?

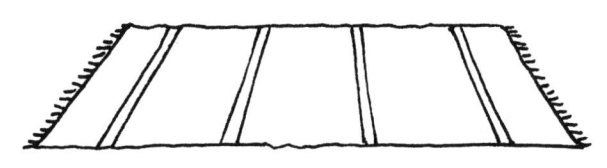

Liebe **Körper** Gefühle   **Körper 2: Textblatt**

Information für Jungen:
Die Pubertät bei Mädchen

Während der Pubertät finden im Körper wichtige Veränderungen statt. Es ist die Zeit, in der der Körper erwachsen wird. Das Wunderbare daran ist, dass Mädchen danach Kinder bekommen können. Natürlich sollte das erst geschehen, wenn sie sich alt genug dafür fühlen!

Bei Mädchen fängt die Pubertät schon etwas früher als bei den Jungen an. Zwischen 8 und 13 Jahren beginnt allmählich die Brust zu wachsen. Das kann schon mal spannen und wehtun.

Die Brustwarzen werden dabei größer und dunkler. Viele Mädchen möchten jetzt gerne einen BH tragen.

Über der Scheide werden die ersten Schamhaare sichtbar. Die Haare unter den Achseln wachsen erst später. Die Bein- und Armhaare werden dichter und länger.

Der ganze Körper wird größer, die Hüften werden breiter, das Mädchen nimmt an Gewicht zu.

Das wichtigste Erlebnis im Laufe der Pubertät ist für die meisten Mädchen die erste Monatsblutung, auch Regel, Periode oder Menstruation genannt.

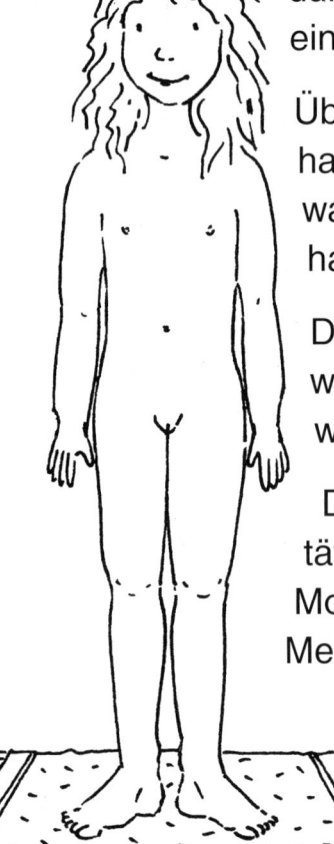

Vor der Pubertät   … und nachher?

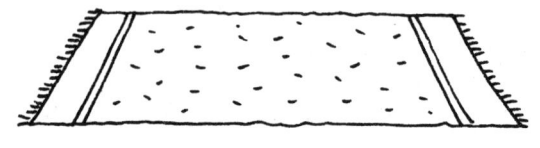

Liebe **Körper** Gefühle   Körper 2: Textblatt

Information für Mädchen: Die Pubertät bei Mädchen

Während der Pubertät finden in deinem Körper wichtige Veränderungen statt. Es ist die Zeit, in der dein Körper erwachsen wird. Das Wunderbare daran ist, dass du danach ein Kind bekommen kannst. Natürlich sollte das erst geschehen, wenn du dich alt genug dafür fühlst!

Bei Mädchen fängt die Pubertät schon etwas früher als bei den Jungen an. Zwischen 8 und 13 Jahren beginnt allmählich deine Brust zu wachsen. Das kann schon mal spannen und wehtun.

Die Brustwarzen werden dabei größer und dunkler. Vielleicht möchtest du jetzt gerne einen BH tragen.

Über der Scheide kannst du die ersten Schamhaare entdecken. Die Haare unter den Achseln wachsen erst später. Deine Bein- und Armhaare werden dichter und länger. Dein ganzer Körper wird größer, die Hüften werden breiter, du nimmst an Gewicht zu.

Das wichtigste Erlebnis im Laufe der Pubertät ist für die meisten Mädchen die erste Monatsblutung, auch Regel, Periode oder Menstruation genannt.

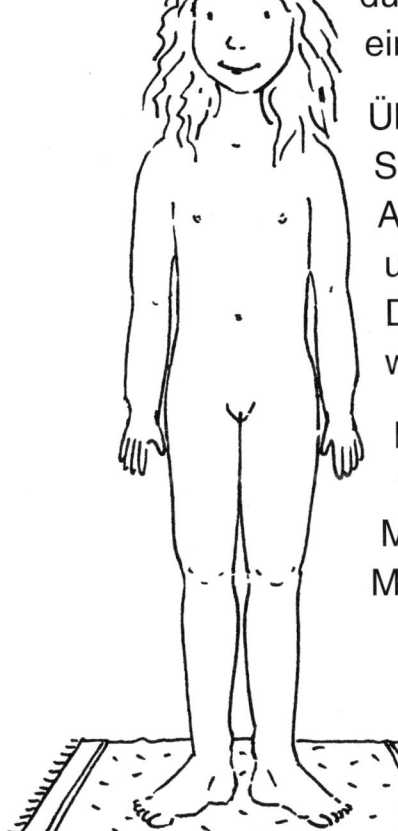

Vor der Pubertät   … und nachher?

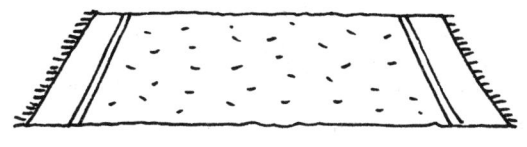

Liebe **Körper** Gefühle **Körper 3**

Geschlechtsorgane

Lies dir den Lesetext aufmerksam durch.

Klebe das Arbeitsblatt mit den Zeichnungen der Geschlechtsorgane in dein Heft. Beschrifte die Zeichnungen!

Liebe **Körper** Gefühle **Körper 4**

Die Menstruation (Regel, Periode, Tage)

Material: Tampons und Binden in verschiedenen Größen, Gebrauchsanweisung für Tampons

Lies dir den Text aufmerksam durch.
Schau dir die Tampons und Binden an!
Fülle die zugehörigen Arbeitsblätter aus!

Die Geschlechtsorgane der Jungen

Die männlichen Geschlechtsorgane sind **Penis, Harnröhre, Hodensack, Hoden und Samenleiter**.

Im Hodensack liegen die Hoden. In den Hoden werden die Spermien (Samenzellen) produziert. Spermien sind winzig klein. Unter einem Mikroskop sehen sie aus wie Kaulquappen. Sie können sich mit ihrem Schwanz schnell und geschickt bewegen. Durch die Samenleiter und die Harnröhre im Penis können die Spermien heraus. Ihr Ziel ist es, ein weibliches Ei zu treffen und mit ihm zu verschmelzen.

Die Geschlechtsorgane der Mädchen

Die weiblichen Geschlechtsorgane sind **Eierstöcke, Eileiter, Gebärmutter und Scheide**.

In den Eierstöcken entstehen die Eizellen. Sie können durch eine kleine Öffnung in den Eileiter gelangen. Jeden Monat geschieht dies einmal. Durch den Eileiter kommt die Eizelle in die Gebärmutter. Wenn die Eizelle auf diesem Weg auf eine männliche Samenzelle trifft, verschmelzen beide miteinander. Die Eizelle ist dann befruchtet und im Bauch der Frau kann ein Baby entstehen. Dazu muss sich die befruchtete Eizelle in der frisch gebildeten Schleimhaut der Gebärmutter einnisten. Das Baby wächst 40 Wochen in der Gebärmutter heran.
Zur Geburt muss das Baby sich durch einen engen Kanal hindurchdrängen, die Scheide.
Wird die Eizelle auf ihrer Wanderung zur Gebärmutter nicht befruchtet, bekommt das Mädchen kurz darauf ihre Tage (Menstruation). Dann wird die Schleimhaut der Gebärmutter mit der Eizelle durch die Scheide ausgeschieden.

Liebe **Körper** Gefühle **Körper 3: Arbeitsblatt**

Trage die Wörter ein:

Penis, Eierstöcke, Scheide, Spermium (Samenzelle), Hodensack, Eileiter, Hoden, Samenleiter, Gebärmutter, Harnröhre

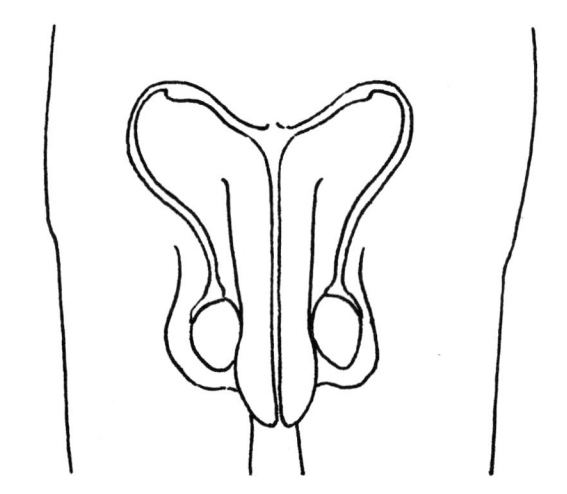

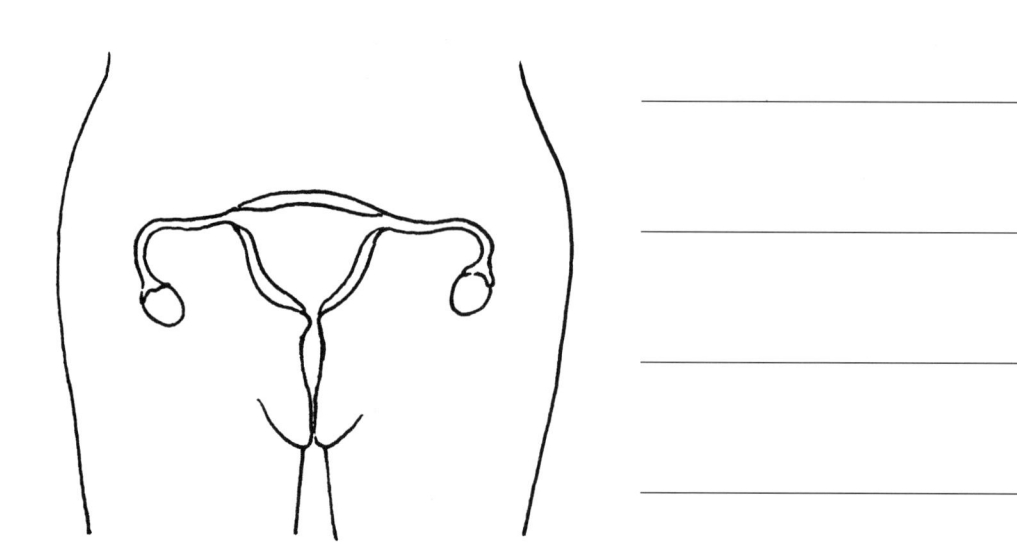

Liebe **Körper** Gefühle — **Körper 4: Textblatt 1**

Die Menstruation
(Regel, Periode, Tage)

In den Eierstöcken eines Mädchens befinden sich hunderttausende von noch nicht fertigen, winzigen Eizellen. Einmal im Monat reift eine von ihnen heran. Es kommt zum „Eisprung". Das heißt, die reife Eizelle verlässt nun den Eierstock und wandert durch den Eileiter zur Gebärmutter. Diese Wanderung dauert ungefähr 4 Tage. In dieser Zeit kann die Eizelle von den Samenzellen eines Mannes befruchtet werden. Dies wäre der Beginn eines neuen Lebens! Ein Baby würde heranwachsen! In der Gebärmutter wird während dieser 4 Tage ein weiches Bett für die befruchtete Eizelle vorbereitet: Eine dicke Schicht aus Schleim und Blut bildet sich an den Wänden der Gebärmutter. In ihr kann sich eine befruchtete Eizelle einnisten und sicher heranwachsen.

Meistens wird das Ei allerdings nicht befruchtet. Die Schleimhaut an den Wänden der Gebärmutter wird dann nicht mehr gebraucht.

Sie fließt zusammen mit dem unbefruchteten Ei durch die Scheide aus dem Körper. Dieser Vorgang wird Menstruation, Periode, Regel oder Tage genannt.

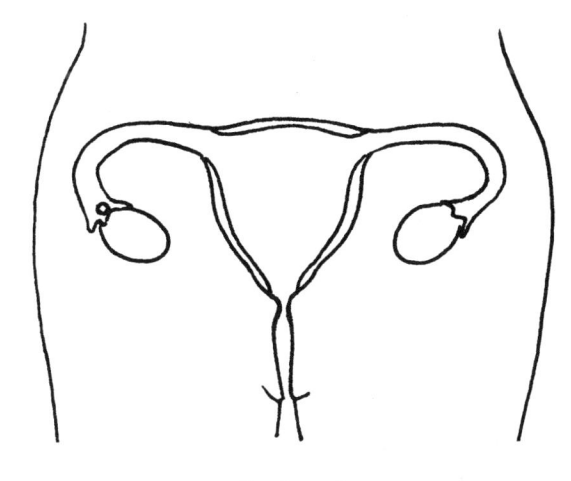

Seite 1

Liebe **Körper** Gefühle **Körper 4: Textblatt 2**

Die erste Menstruation ist eigentlich ein Grund zum Feiern. Leider schämen sich viele Mädchen dafür und finden die Menstruation sehr unangenehm. Dabei ist sie etwas ganz Natürliches und jedes Mädchen bekommt sie in der Pubertät. Ein Mädchen wird damit zur Frau. Sie kann ab diesem Zeitpunkt Kinder bekommen. Das ist doch etwas Tolles! Darauf kann sie stolz sein.

Am Anfang kommt die Periode noch unregelmäßig, aber spätestens mit Ende der Pubertät tritt sie ungefähr alle 4 Wochen ein. Sie dauert 4 bis 7 Tage. Das Blut, das dabei aus der Scheide kommt, ist genauso sauber wie das übrige Körperblut.

Während der Periode kann man Binden oder Tampons verwenden. Binden, Tampons und tägliches Duschen geben jedem Mädchen auch während der Tage ein „sauberes" Gefühl.

Viele Mädchen benutzen zunächst Binden. Sie werden mit einem Klebestreifen in die Unterhose geklebt. Das Blut wird von den Binden aufgefangen. Tampons bestehen aus zusammengepresster Watte. Es gibt sie in verschiedenen Größen.

Ein Tampon wird mit dem Finger in die Scheide geschoben. Dort dehnt er sich aus und saugt das Blut noch im Körper auf. An einem Faden kann man den Tampon wieder herausziehen. Ob Binde oder Tampon, beides muss man während der Periode oft erneuern.

Manche Mädchen bekommen während ihrer Menstruation Bauch-, Kopf- oder Rückenschmerzen. Oft verschwinden diese Schmerzen, wenn man sich in Ruhe hinlegt. Wenn die Schmerzen zu schlimm werden, sollte man zu einem Arzt gehen.

Seite 2

Liebe **Körper** Gefühle   **Körper 4: Arbeitsblatt 1**

1. Schreibe zu den Bildern einen passenden Text!

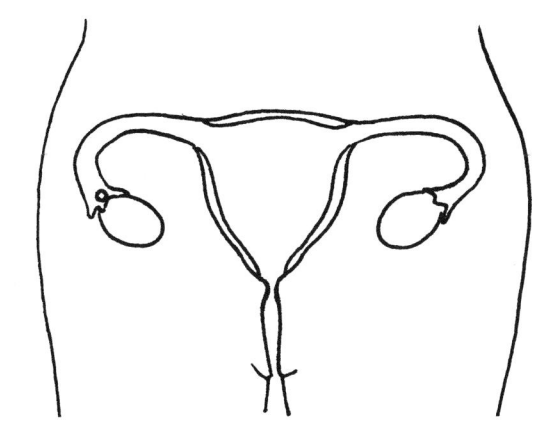

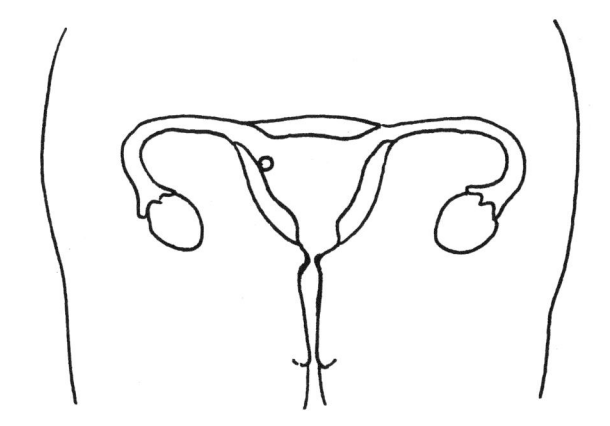

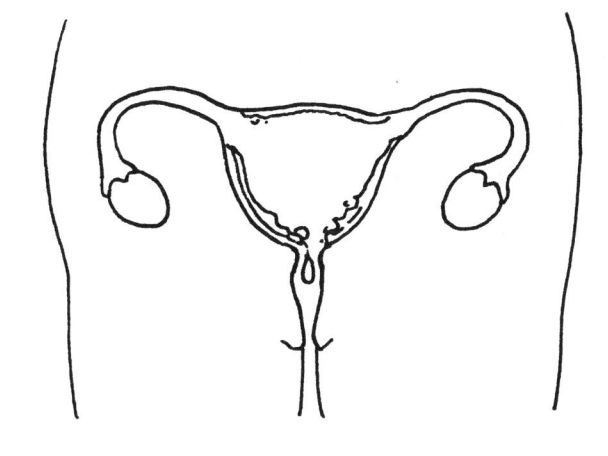

Liebe **Körper** Gefühle   **Körper 4: Arbeitsblatt 2**

2. Warum sollte ein Mädchen stolz sein, wenn es zum ersten Mal ihre Menstruation bekommt?

   _____
   _____
   _____
   _____

3. Wodurch kann sich ein Mädchen trotz der Blutungen während der Periode gut und „sauber" fühlen?

   _____
   _____
   _____
   _____
   _____

Die Beantwortung der weiteren Fragen ist nur für Mädchen Pflicht. Jungen dürfen die Fragen beantworten, müssen aber nicht.

4. Lies dir die Gebrauchsanweisung für Tampons genau durch! Kann ein Mädchen von der ersten Periode an Tampons benutzen? Welche werden empfohlen?

   _____
   _____
   _____
   _____

5. Worauf solltest du beim ersten Versuch mit dem Tampon achten?

   _____
   _____
   _____

Liebe **Körper** Gefühle **Körper 5**

Penis – Erektionen – Samenergüsse

Jungen haben während der Pubertät häufig Erektionen und ihre ersten Samenergüsse.

Was das genau bedeutet, kannst du herausfinden, wenn du aufmerksam den Text liest.

Liebe **Körper** Gefühle **Körper 6**

Angst und Neid

Suche dir ein Kind, mit dem du gut reden kannst und dem du vertraust. Lest euch zusammen den Text „Angst und Neid" durch.

Dann sucht zusammen vier Sätze aus, die euch besonders wichtig erscheinen. Schreibt diese mit der Überschrift in euer Heft. Wenn ihr möchtet, könnt ihr euch über die Veränderungen oder die Gefühle während der Pubertät unterhalten und euch gegenseitig Fragen stellen.

Falls dir eine Frage unangenehm ist, musst du sie nicht beantworten.

Liebe **Körper** Gefühle — **Körper 5: Textblatt**

Penis – Erektionen – Samenergüsse

Während der Pubertät werden der Penis und die Hoden größer.

Jeder Junge hat in dieser Zeit häufig Erektionen. Dabei füllt sich der Penis mit Blut, er schwillt an und wird steif.

Oft passiert das morgens im Bett. Leider wird der Penis auch manchmal in Situationen dick und groß, wenn man es gar nicht möchte. Das Blut im Penis fließt aber schon nach kurzer Zeit wieder in den Körper und der Penis wird wieder kleiner.

Kommt aus dem steifen Penis eine weißliche Flüssigkeit heraus, so nennt man das Samenerguss. Die Flüssigkeit (auch Sperma genannt) besteht aus vielen Samenzellen. Die Samenzellen kommen aus den Hoden. Zwischen dem zwölften und fünfzehnten Lebensjahr fängt in den Hoden die Herstellung der Samenzellen an. Jeden Tag wächst in den Hoden eine riesige Anzahl von Samenzellen heran. Damit kein Stau in den Hoden entsteht, muss der Körper die produzierten Samenzellen ab und zu loswerden. Das macht der Körper manchmal nachts ganz automatisch. Morgens sind das Bett und der Penis dann oft noch feucht. Das ist weder beunruhigend noch erschreckend, sondern ein ganz natürlicher Vorgang. Der erste Samenerguss ist für jeden Jungen das Zeichen, dass er jetzt allmählich zum Mann wird und Kinder zeugen kann. Darauf kann jeder Junge stolz sein.

Liebe **Körper** Gefühle   **Körper 6: Textblatt**

Angst und Neid

Bei jedem Jungen und bei jedem Mädchen verändern sich während der Pubertät viele Dinge an ihrem Körper. Viele sind sehr stolz, endlich erwachsen zu werden, andere haben Angst und fühlen sich unwohl.

Wann es mit den Veränderungen losgeht, ist bei jedem Kind anders. Daher ist es klar, dass es zwischen euch und euren gleichaltrigen Freunden und Freundinnen Unterschiede gibt. Diese Unterschiede könnt ihr im Schwimmbad oder beim Umziehen schnell entdecken. Die Mädchen achten darauf, ob bei den anderen schon der Busen wächst oder Schamhaare zu sehen sind. Die Jungen vergleichen, ob die anderen schon einen größeren Penis haben. Das führt manchmal zu Neid und Ärger.

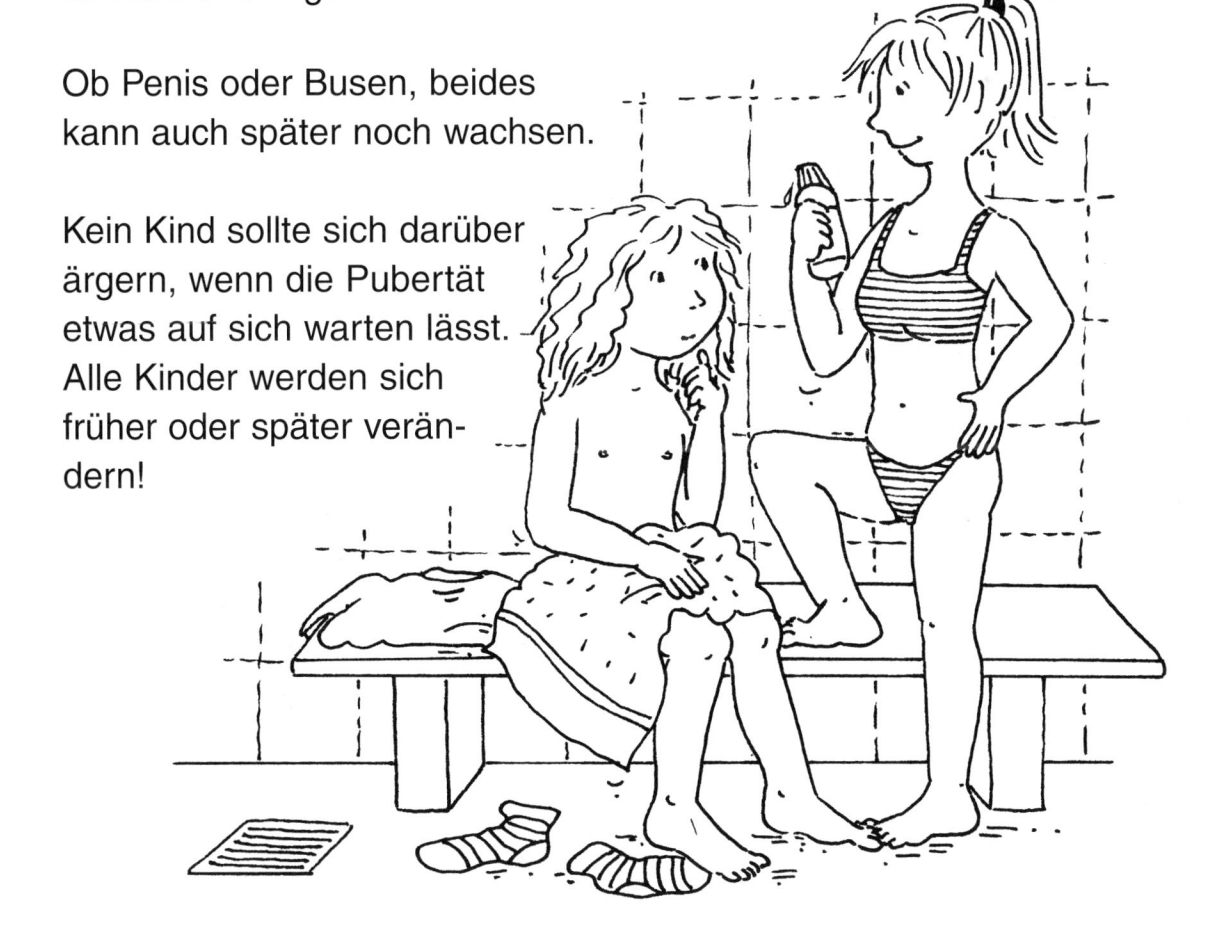

Ob Penis oder Busen, beides kann auch später noch wachsen.

Kein Kind sollte sich darüber ärgern, wenn die Pubertät etwas auf sich warten lässt. Alle Kinder werden sich früher oder später verändern!

Liebe **Körper** Gefühle **Körper 7**

Körperkunst

Male die Körper der Menschen am Strand so aus:

1. Kopf: gelb; Haare: schwarz; Mund: rot; Hals: orange
2. Beine: ein Bein rot, das andere orange
3. Arme: einen Arm blau, den anderen grün
4. Scheide mit Schamhaaren: gelb
5. Penis (Glied): gelb
6. Hoden: braun
7. Bauch: hellblau
8. Brust Mann: rosa
9. Brust (Busen) Frau: rosa

Liebe **Körper** Gefühle **Körper 8**

Schwangerschaft: Texte und Bilder

Auf den Bildern der zehn Textseiten kannst du die Entwicklung eines Kindes im Bauch der Mutter sehen. Lies dir die zugehörigen Texte gut durch. Sortiere die Blätter in der richtigen Reihenfolge.

Liebe **Körper** Gefühle

Körper 7: Malblatt

Liebe **Körper** Gefühle   **Körper 8: Textblatt**

Wenn der Penis des Mannes beim Sex in der Scheide der Frau steckt und der Mann durch Auf- und Abbewegungen einen Orgasmus bekommt, spritzt aus seinem Penis Samenflüssigkeit (auch Sperma genannt). Im Sperma befinden sich Millionen von Samenzellen. Gierig schwimmen die Samenzellen auf der Suche nach einer Eizelle die Scheide hinauf bis zu den Eileitern. Falls sich dort eine reife Eizelle befindet, kann ein Spermium in die Eizelle eindringen und mit ihr verschmelzen. Das nennt man Befruchtung.

Die befruchtete Eizelle wandert in die Gebärmutter und nistet sich dort ein.

In der Gebärmutter entwickelt sich die Eizelle zu einem Kind.

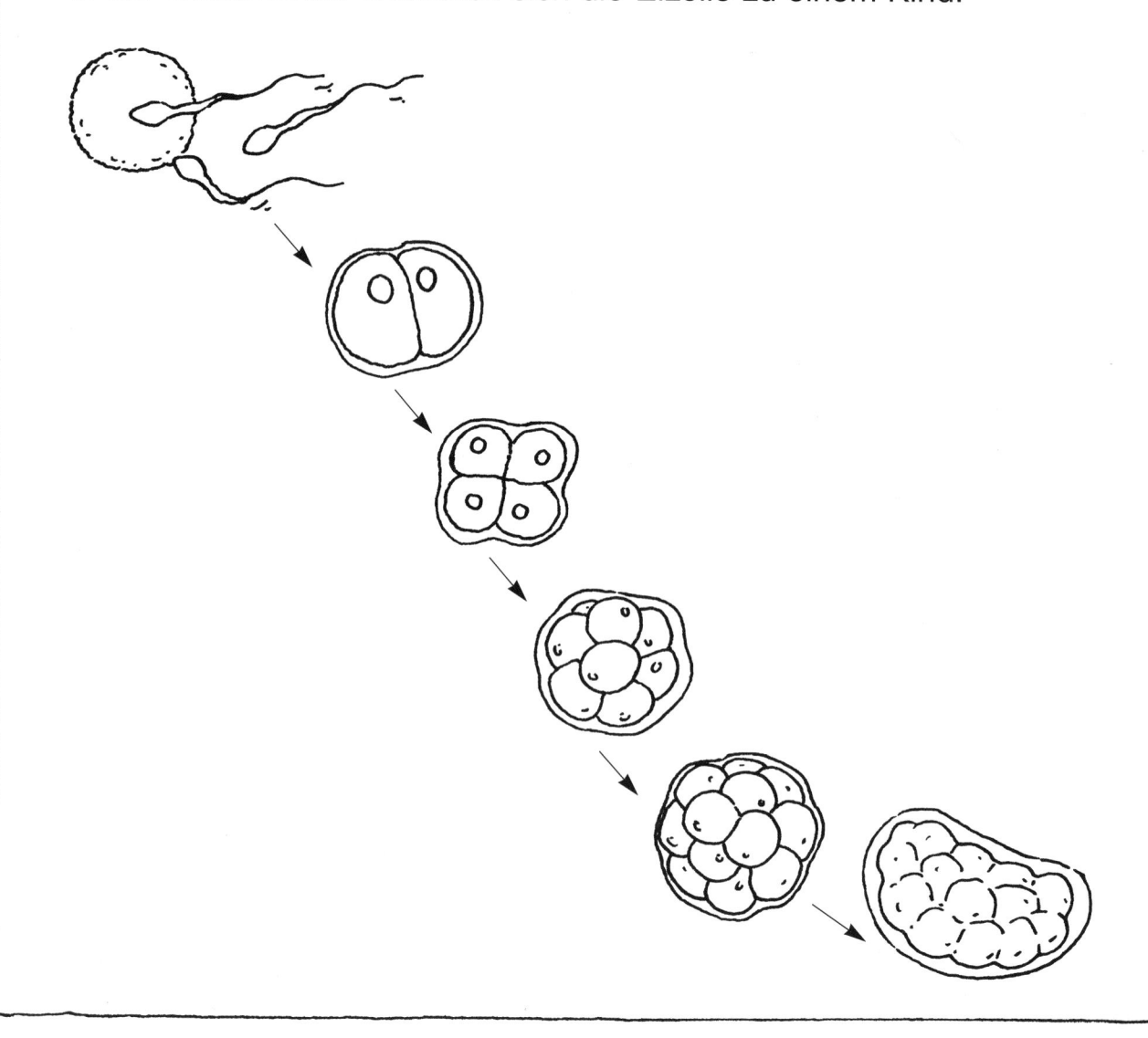

Liebe **Körper** Gefühle **Körper 8: Textblatt**

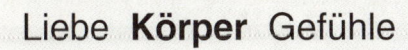

Nachdem sich die befruchtete Eizelle in der Gebärmutter eingenistet hat, bildet sich um sie herum eine Blase, die Fruchtblase. Die Fruchtblase ist mit warmem Wasser gefüllt. In ihr fühlt sich das Baby wohl und es ist vor Stößen geschützt. Nach den ersten Wochen sieht das Baby aus wie eine kleine Bohne. Das Baby ist 2 bis 3 g schwer und ungefähr 7 mm groß. Sein Herz schlägt schon.

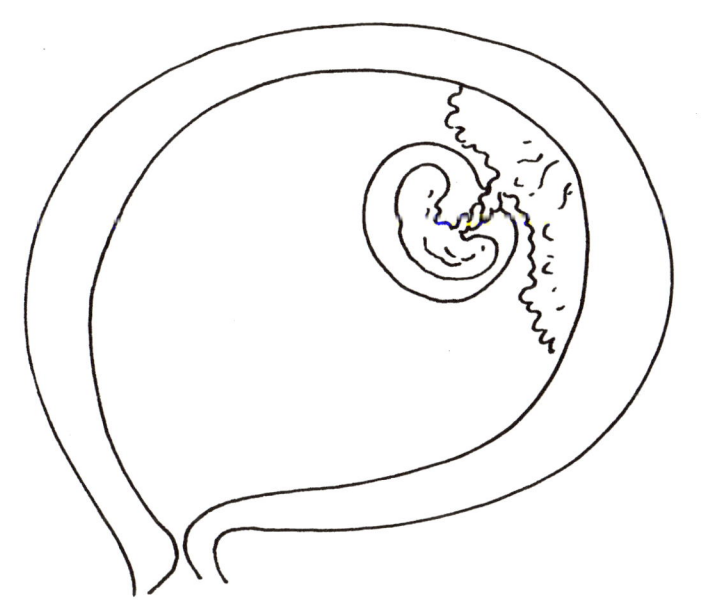

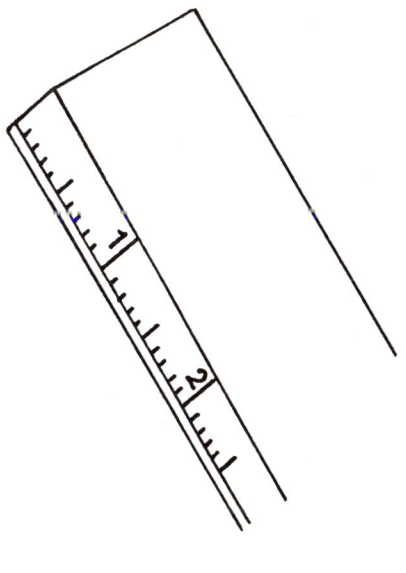

Liebe **Körper** Gefühle **Körper 8: Textblatt**

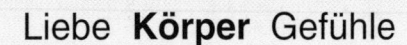

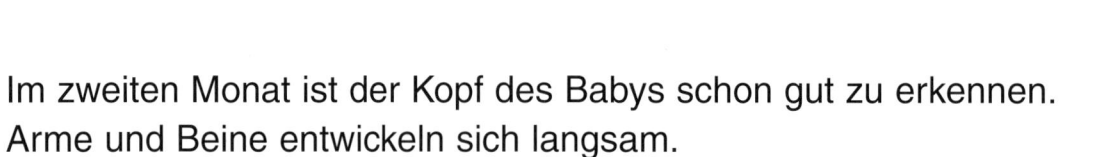

Im zweiten Monat ist der Kopf des Babys schon gut zu erkennen. Arme und Beine entwickeln sich langsam.

Am Bauch des Babys erkennt man einen Schlauch, die Nabelschnur. Durch die Nabelschnur bekommt das Baby alles, was es zum Leben und Wachsen braucht.

Das Baby ist jetzt 5 bis 8 g schwer und ungefähr 3 cm groß. Es würde noch leicht in eine Nuss-Schale hineinpassen.

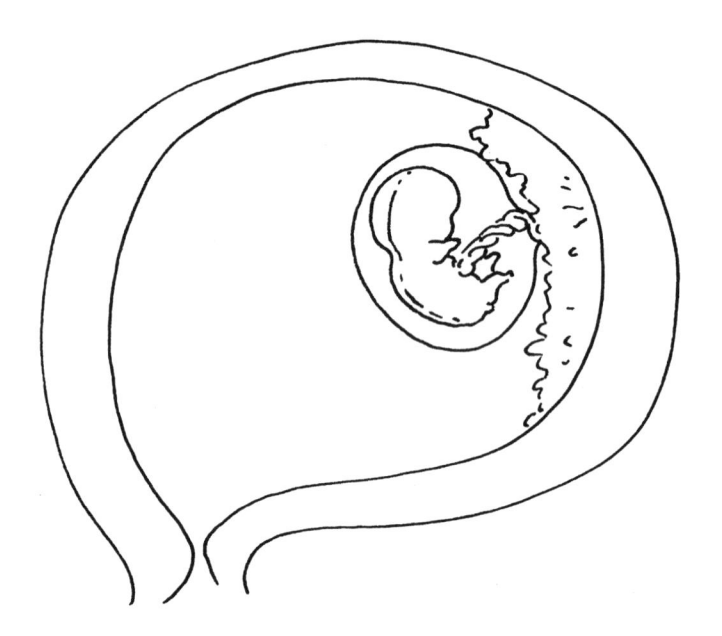

Liebe **Körper** Gefühle

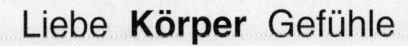

Körper 8: Textblatt

Im dritten Monat kann man schon alle Körperteile erkennen. Jetzt sieht das Baby zum ersten Mal wirklich wie ein winzig kleiner Mensch aus. Das Kind bewegt sich fleißig mit Armen und Beinen im Wasser der Fruchtblase.

Da das Baby immer größer wird, beginnt jetzt auch der Bauch der Mutter zu wachsen. Das Baby ist nach drei Monaten 18 bis 20 g schwer und ungefähr 15 cm groß.

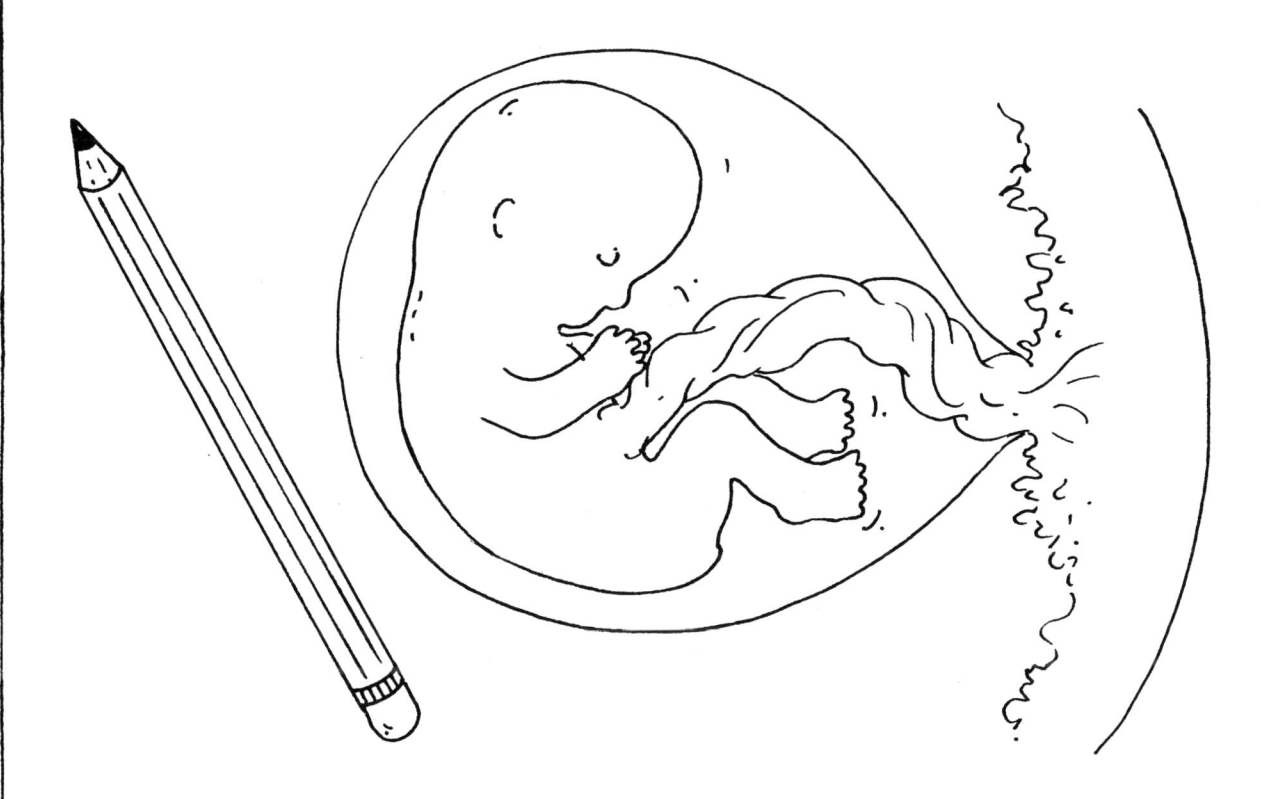

Liebe **Körper** Gefühle

Körper 8: Textblatt

Noch nicht einmal die Hälfte der Zeit im Bauch der Mutter ist um, aber man kann das Baby schon genau erkennen. Im vierten Monat kann der Arzt sehen, ob es ein Mädchen oder ein Junge wird.

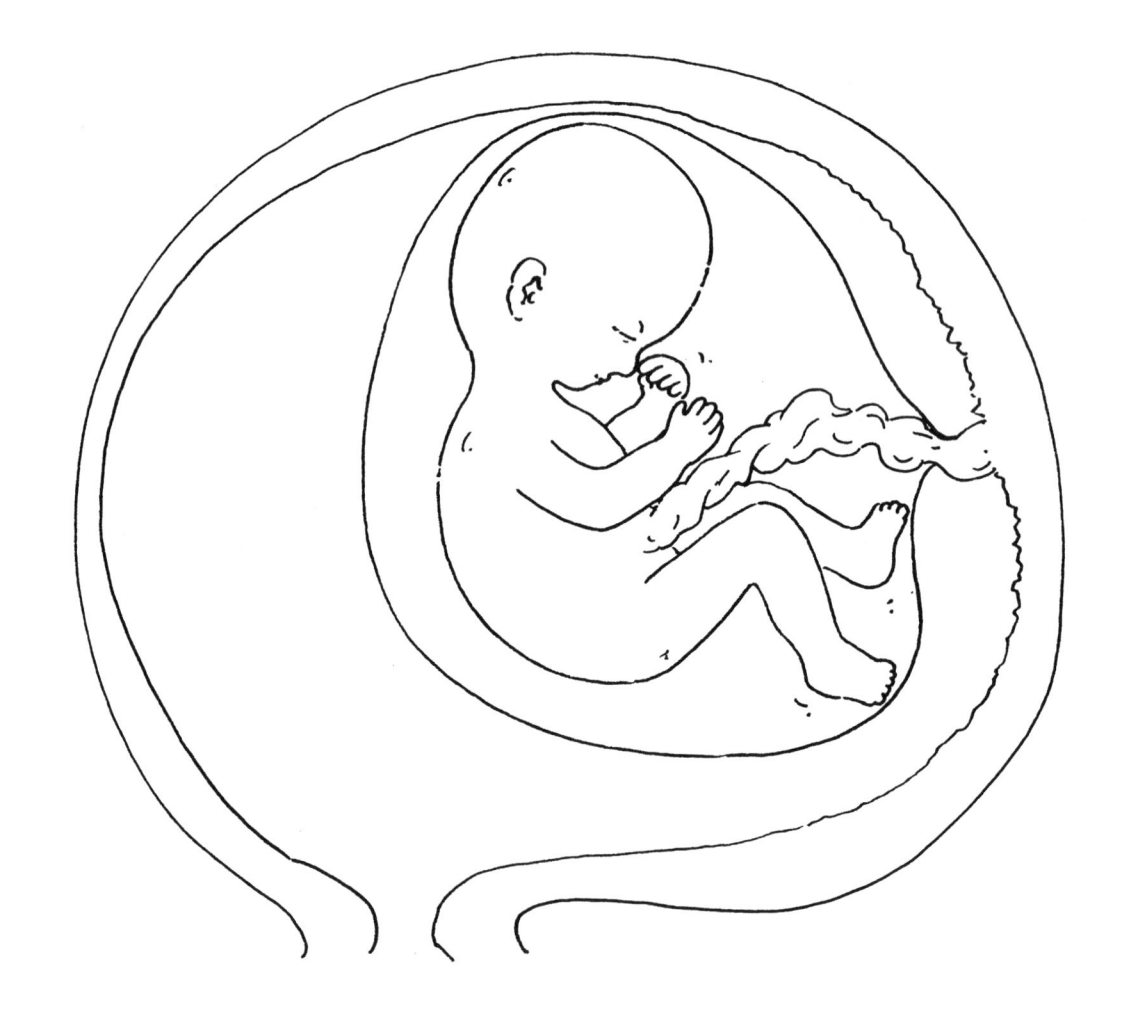

Sein kleines Herz schlägt rund 160-mal in der Minute. Das ist doppelt so schnell, wie bei einem erwachsenen Menschen. Das Baby ist inzwischen ungefähr so groß wie eine Aubergine (21 cm) und rund 120 g schwer. Seine kleinen Finger haben schon Nägel.

Liebe **Körper** Gefühle   **Körper 8: Textblatt**

Das Baby hat sich so weit entwickelt, dass es mit den Beinen strampeln kann. Die Hände kann es schon öffnen und den Kopf drehen. Die Mutter kann in ihrem Bauch die Bewegungen ihres Babys spüren.

Dem Kind wachsen die ersten Haare. Es hat jetzt Augenbrauen und Wimpern. Im fünften Monat ist es ungefähr 300 g schwer und 27 cm groß.

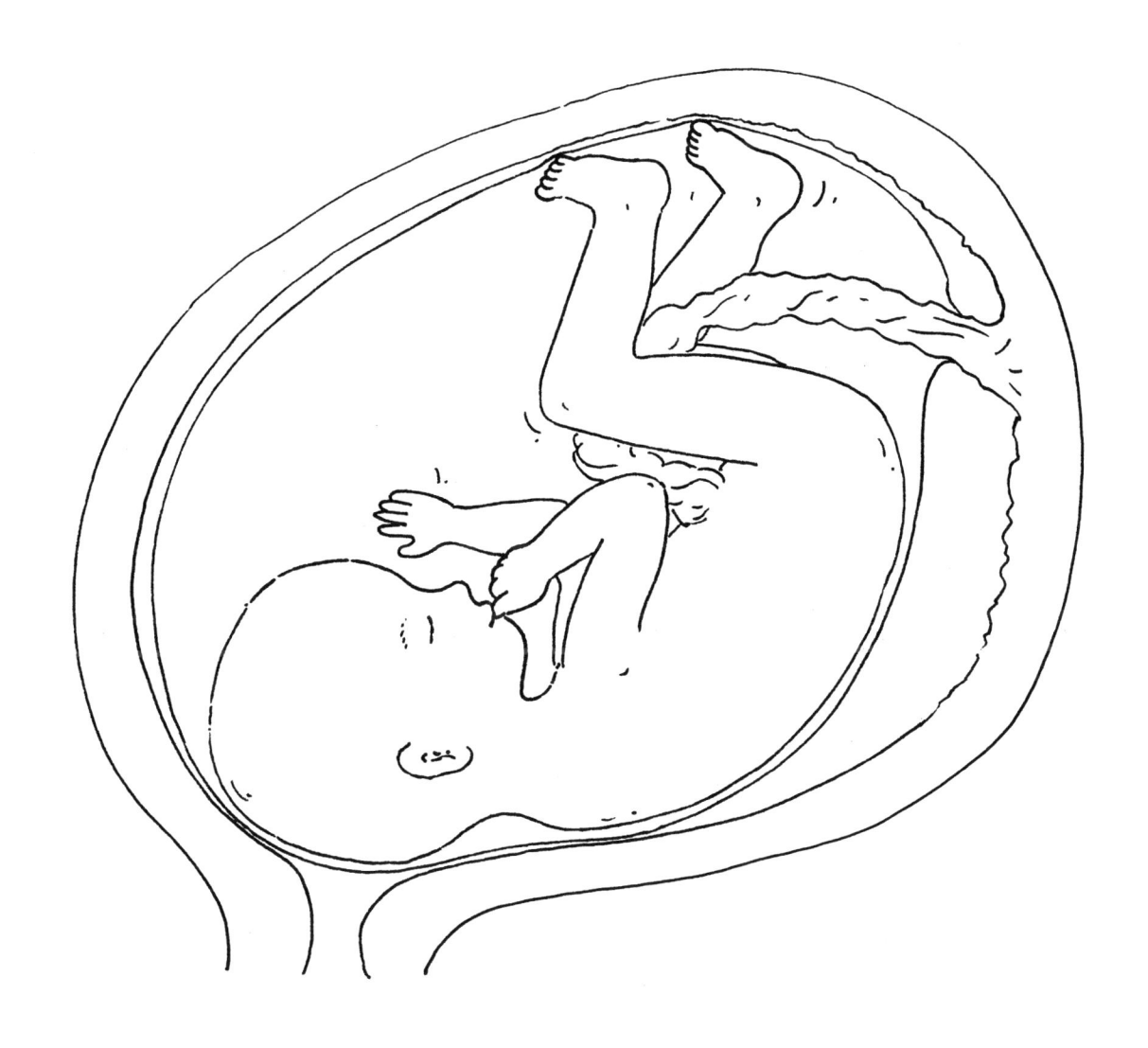

Liebe **Körper** Gefühle **Körper 8: Textblatt**

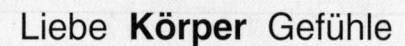

Im sechsten Monat ist das Kind zwischen 800 und 900 g schwer und rund 33 cm groß. Es spürt alle Bewegungen der Mutter und genießt die sanfte Schaukelei im Fruchtwasser. Meistens schläft es. Wenn man sanft über den dicken Bauch der Mutter streicht, reagiert das Kind auf diese Berührung. Manchmal kann man dabei seine Füße oder den Kopf spüren. Das Kind kann jetzt Geräusche hören und es lernt die Stimme seiner Mutter kennen.

Wenn es der Mutter gut geht, fühlt sich das Kind auch gut. Geht es der Mutter schlecht, fühlt sich das Baby unwohl und es wird unruhig.

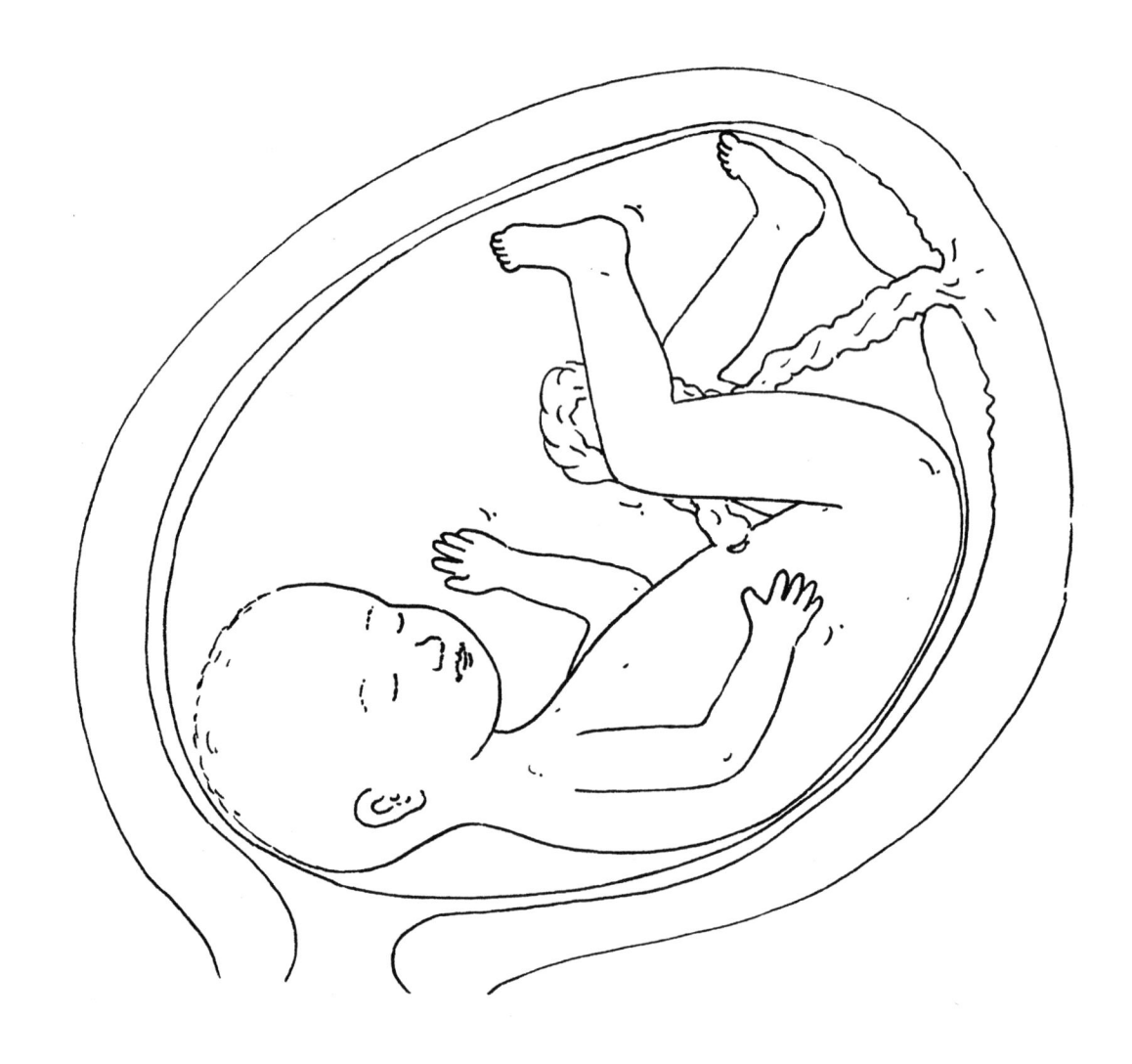

Liebe **Körper** Gefühle **Körper 8: Textblatt**

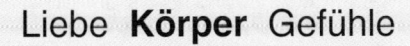

Die Organe des Babys sind jetzt fertig ausgebildet. Käme es jetzt auf die Welt, könnte es schon überleben. Jedoch ist es für das Baby viel besser, noch 2 Monate im warmen Bauch der Mutter zu bleiben und weiter zu wachsen. Im siebten Monat wiegt das Baby ungefähr 1300 bis 1400 g und ist rund 39 cm groß.

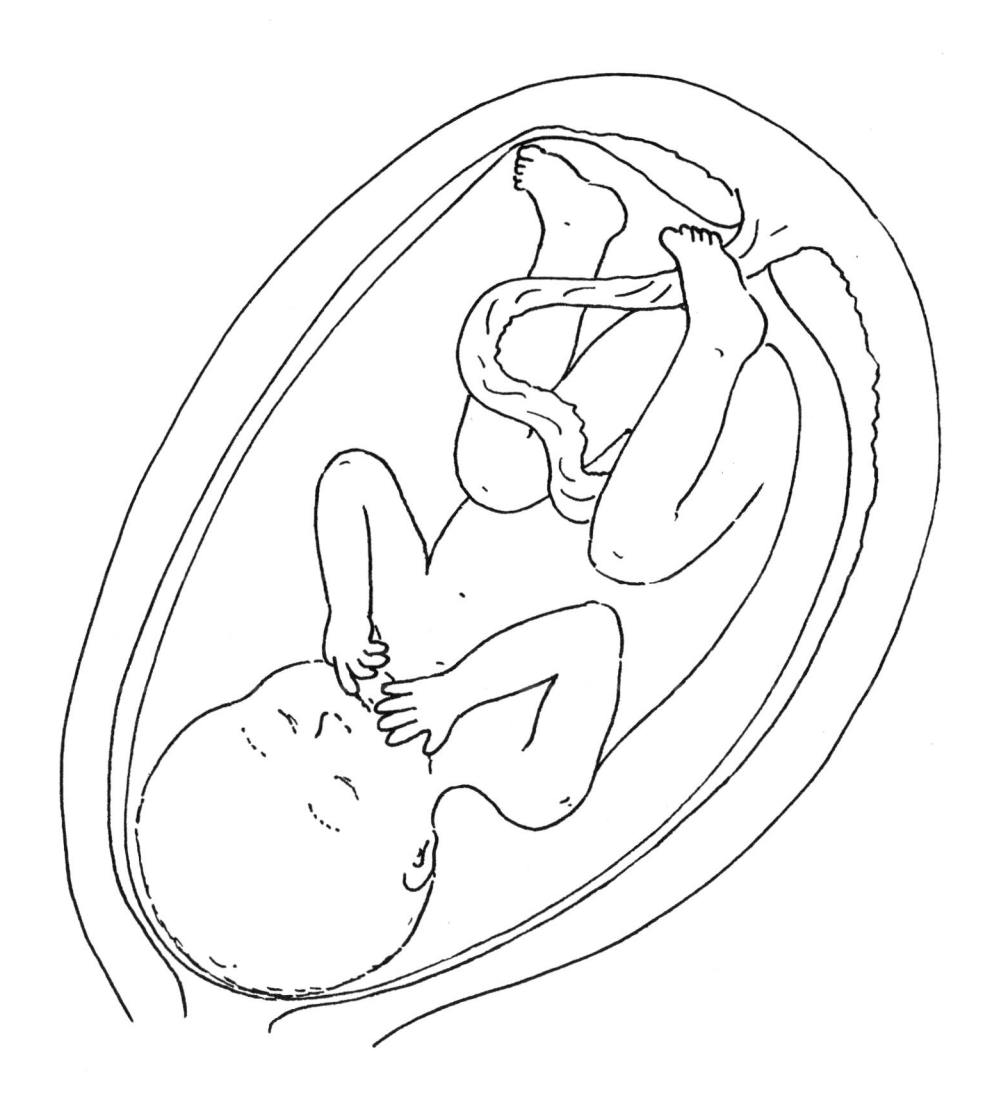

Liebe **Körper** Gefühle **Körper 8: Textblatt**

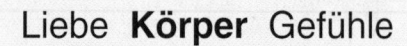

Im achten Monat ist das Kind schon 2200 bis 2300 g schwer und ungefähr 45 cm groß. Für die Mutter wird das Herumlaufen und jede Arbeit immer anstrengender. Ihr Bauch ist jetzt so dick und rund, dass sie manchmal Rückenschmerzen bekommt. Für das Baby wird es immer enger im Bauch der Mutter. Es muss Beine und Arme anziehen. Das Kind bereitet sich schon für die Geburt vor. Da es mit dem Kopf zuerst hinaus will, legt es sich mit dem Kopf nach unten. Das ist die normale Lage für die Geburt.

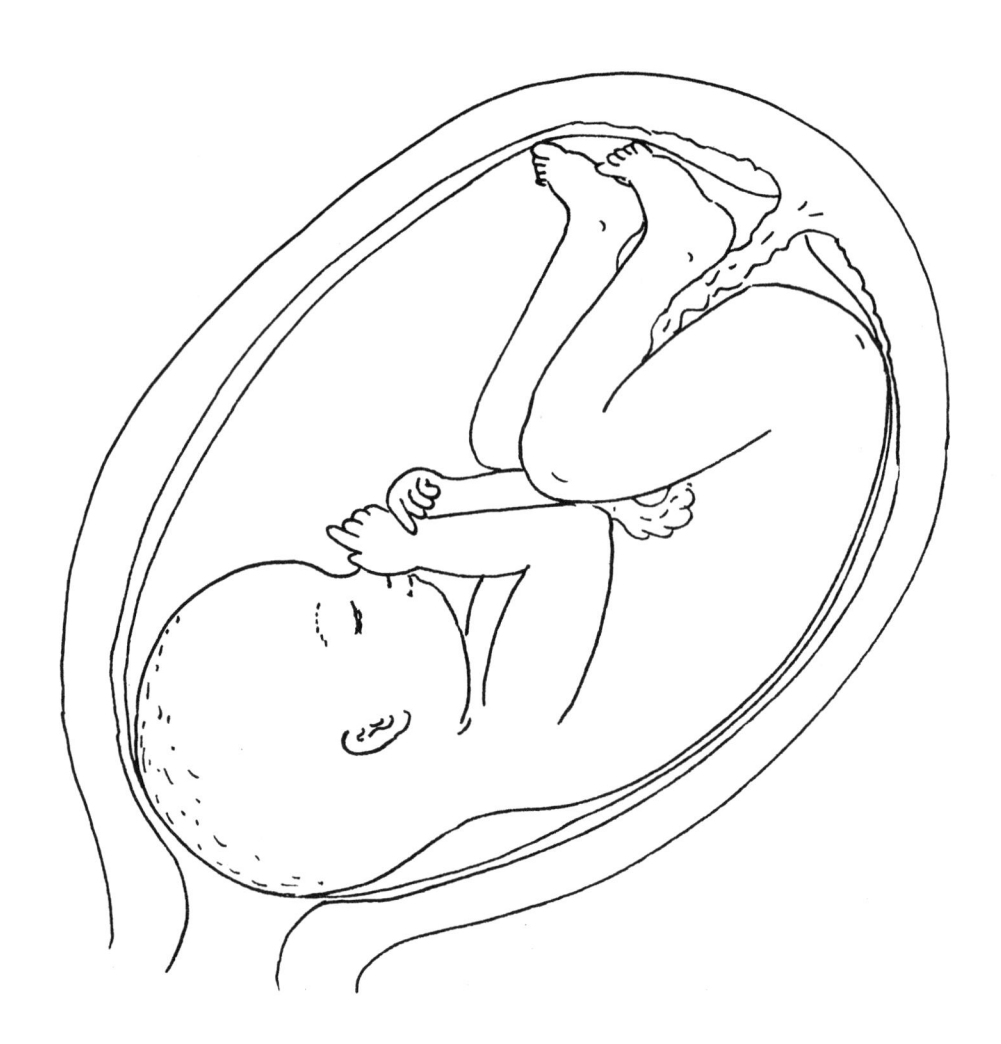

Liebe **Körper** Gefühle **Körper 8: Textblatt**

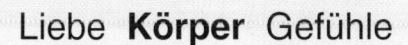

Kurz vor der Geburt wiegt das Baby ungefähr 3200 bis 3300 g und ist 48 bis 51 cm groß.

Es ist schwerer als dreißig Tafeln Schokolade!

Es ist jetzt bereit für die Strapazen der Geburt.

Die Geburt ist für das Baby und die Mutter sehr anstrengend. Das Kind muss die Wärme des Mutterleibes verlassen und kommt in eine kalte und helle Welt. Es muss nun selbst atmen und essen.

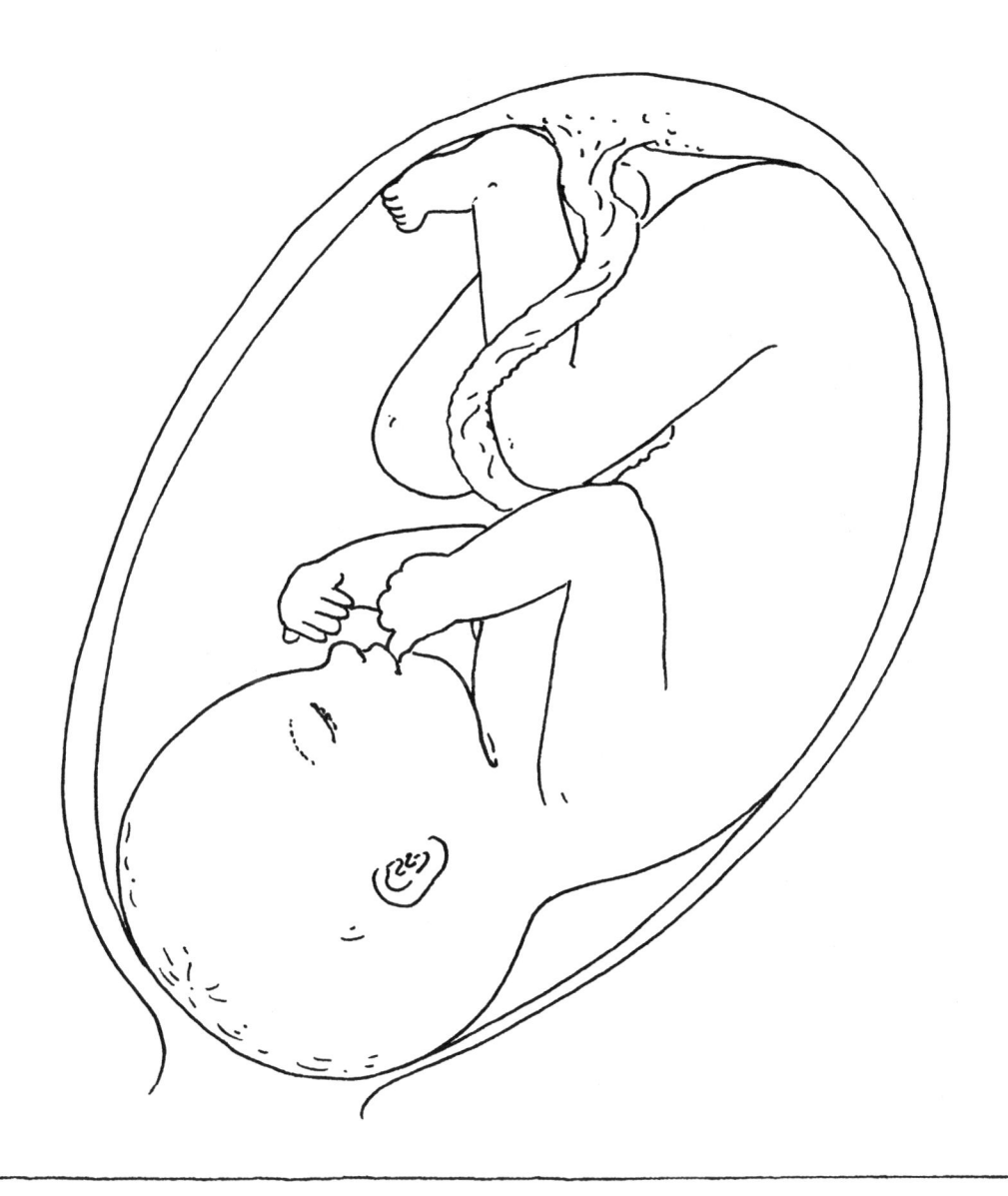

Liebe **Körper** Gefühle

Körper 9

Gewicht des Babys im Bauch der Mutter

Hierzu brauchst du eine Waage:

Suche Gegenstände aus der Klasse, die genauso schwer sind, wie das Baby in den 9 Monaten im Bauch der Mutter! Schreibe die Namen der Gegenstände auf die Linien!

Liebe **Körper** Gefühle

Körper 10

Größe des Babys im Bauch der Mutter

Hierzu brauchst du Wolle und ein Maßband:

Schneide für jeden Monat ein Stück Wolle ab, das genauso groß ist, wie das Baby im Bauch der Mutter.

Liebe **Körper** Gefühle   **Körper 9: Arbeitsblatt**

Gewicht des Babys im Bauch der Mutter

1. Monat etwa 2 bis 3 g _____

2. Monat etwa 5 bis 8 g _____

3. Monat etwa 18 bis 20 g _____

4. Monat etwa 120 g _____

5. Monat etwa 300 g _____

6. Monat etwa 800 bis 900 g _____

7. Monat etwa 1300 bis 1400 g _____

8. Monat etwa 2200 bis 2300 g _____

9. Monat etwa 3200 bis 3300 g _____

Merke dir: Bei der Geburt ist das Baby etwa so schwer wie 3 Tüten Saft (je 1 Liter) oder wie 13 Pakete Butter.

Liebe **Körper** Gefühle **Körper 10: Textblatt**

Größe des Babys im Bauch der Mutter

1. Monat etwa 7 mm
2. Monat etwa 3 cm
3. Monat etwa 15 cm
4. Monat etwa 21 cm
5. Monat etwa 27 cm
6. Monat etwa 33 cm
7. Monat etwa 39 cm
8. Monat etwa 45 cm
9. Monat etwa 48 bis 51 cm

Merke dir: Bei der Geburt ist das Kind etwa 48 bis 51 cm groß. Ein ausgewachsenes Hauskaninchen ist ungefähr genauso groß.

Liebe **Körper** Gefühle **Körper 11**

Was ein Baby im Bauch der Mutter schon alles kann

Lies den Text aufmerksam durch. Versuche dir genau vorzustellen, was das Baby im Bauch der Mutter schon kann.

Liebe **Körper** Gefühle **Körper 12**

Die Geburt eines Kindes

1. Lies dir den Text aufmerksam durch.

2. Unterstreiche alles, was dir besonders wichtig erscheint!

Liebe **Körper** Gefühle **Körper 11: Textblatt 1**

Was ein Baby im Bauch der Mutter schon alles kann

Das Leben eines Babys beginnt nicht erst bei der Geburt.

Schon im Bauch der Mutter können die Kinder sehr viel üben und lernen.

Stell dir vor, du bist ein Baby im Bauch der Mutter. Du fühlst dich dort sehr wohl, weil es schön warm und weich ist.

Du liegst nicht nur bewegungslos herum und wartest auf die Geburt. Nein, im warmen Fruchtwasser bewegst du dich. Mit Armen und Beinen strampelst du herum. Manchmal drückst du mit den Armen, den Beinen, dem Po oder dem Kopf gegen den Bauch deiner Mutter. Von außen kann man dann eine Wölbung erkennen.

Seite 1

Liebe **Körper** Gefühle **Körper 11: Textblatt 2**

Manchmal schlägst du sogar einen Purzelbaum!

Mit den Händen versuchst du schon zu greifen. Wenn du müde bist, gähnst du einfach. Gemütlich am Daumen zu lutschen, macht dir Spaß. Damit übst du schon einmal das Saugen, was du im Leben außerhalb des Bauches zum Überleben brauchst.

Du kannst viele Geräusche von außen hören. Die Stimme deiner Mutter kannst du schon erkennen. Du freust dich, wenn du Musik hörst. Die Augen kannst du auf und zu machen.

Wenn deine Mutter glücklich ist, geht es dir auch gut. Du merkst, wenn es ihr schlecht geht oder sie traurig oder wütend ist.

Seite 2

Liebe **Körper** Gefühle **Körper 12: Textblatt 1**

Die Geburt eines Kindes

Die Geburt eines Kindes ist ein kleines Wunder. Ungefähr neun Monate ist es im Bauch der Mutter herangewachsen und jetzt kommt es auf die Welt. Es verlässt den Bauch der Mutter!

Früher brachten die Mütter ihre Kinder zu Hause auf die Welt. Heute machen das nur noch wenige. Die meisten Frauen entscheiden sich für die Geburt in einem Krankenhaus, weil die Ärzte dort bei Problemen sofort helfen können. Manche Mütter gehen lieber in ein gemütlich eingerichtetes Geburtshaus. Dort wird die Geburt von einer Hebamme begleitet.

Eine Mutter merkt, wenn ihr Baby aus dem Bauch möchte. Sie bekommt dann von Zeit zu Zeit Schmerzen im Bauch und muss ins Krankenhaus oder Geburtshaus gebracht werden.

Die Schmerzen der Mutter nennt man Wehen. Dabei zieht sich die Gebärmutter zusammen. Dies geschieht immer öfter, die Abstände zwischen den Wehen werden kürzer.

Sobald die Wehen immer stärker und schmerzhafter werden, beginnt die Geburt. Die Wehen können mehrere Stunden dauern. Mit jeder Wehe wandert das Baby ein Stückchen weiter aus der Gebärmutter heraus.

Wie eine Schraube dreht sich das Kind mit dem Kopf nach unten durch die Scheide. Die Mutter hilft dem Kind bei diesem Weg durch starkes Pressen.

Seite 1

Liebe **Körper** Gefühle   **Körper 12: Textblatt 2**

Die Mutter spürt, wie der Kopf ihres Babys ganz langsam herauskommt. Dann muss die Mutter meistens noch einmal kräftig pressen und das ganze Baby ist draußen. Es ist geboren.

Die Geburt wird schwierig, wenn das Kind nicht mit dem Kopf nach unten liegt oder das Kind nur schwer durch die Scheide herauskommen kann.

Manchmal entscheiden die Ärzte dann, das Kind mit einem Kaiserschnitt auf die Welt zu bringen. Dabei wird das Kind mit einer Operation aus dem Bauch der Mutter geholt. Die Ärzte machen dazu einen Schnitt in den Bauch und nehmen das Kind heraus.

Seite 2

Liebe **Körper** Gefühle **Körper 12: Textblatt 3**

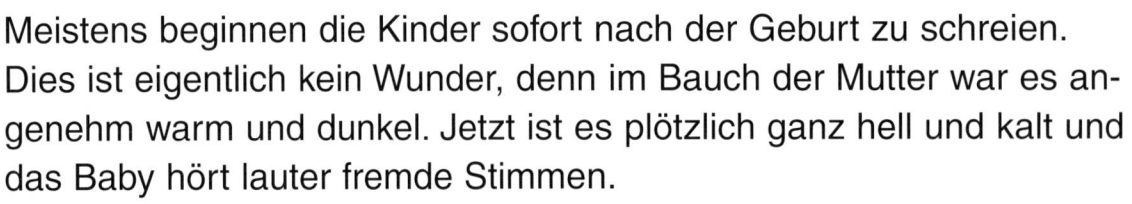

Meistens beginnen die Kinder sofort nach der Geburt zu schreien. Dies ist eigentlich kein Wunder, denn im Bauch der Mutter war es angenehm warm und dunkel. Jetzt ist es plötzlich ganz hell und kalt und das Baby hört lauter fremde Stimmen.

Zunächst ist das Kind noch durch die Nabelschnur mit der Mutter verbunden. Weil es jetzt aber alleine atmen kann und die Nahrung mit dem Mund aufnimmt, braucht es die Nabelschnur nicht mehr. Sie wird deshalb vom Vater, dem Arzt oder einer Hebamme mit einer Schere durchgeschnitten. Ein kleines Stückchen der Nabelschnur bleibt am Bauch des Babys hängen. Sieben bis zehn Tage nach der Geburt fällt dieses Stückchen von selbst ab und es bleibt nur eine kleine Narbe zurück. Diese Narbe ist unser Bauchnabel!

Endlich darf die Mutter ihr Kind zum ersten Mal in den Armen halten! Behutsam wird es ihr auf die Brust gelegt. Dies ist ein ganz besonderer Moment. Schon so lange hat die Mutter ihr Kind im Bauch gespürt und jetzt liegt es auf ihr! Ein wunderschönes Gefühl!

Spätestens nach dem ersten Schmusen mit der Mutter wird das Kind von dem Arzt oder der Hebamme untersucht. Schließlich wird es vorsichtig gebadet und angezogen.

Seite 3

Liebe **Körper** Gefühle **Körper 13**

Meine Geburt

Erkundige dich bei deinen Eltern, wie es war, als du geboren wurdest.

Fülle mit deinen Eltern das Blatt „Meine Geburt" aus.

Es wäre schön, wenn du ein Babyfoto von dir aufklebst!

Das Blatt wird in der Klasse aufgehängt!

Liebe **Körper** Gefühle **Körper 13: Arbeitsblatt**

Meine Geburt

Name: _____

Geburtstag: _____

Geburtszeit: _____

Geburtsort: _____

Größe: _____

Gewicht: _____

Wie lange hat deine Geburt gedauert?

_____

Wer hat deiner Mutter bei der Geburt geholfen?

_____

Was kannst du noch über deine Geburt berichten?

_____

_____

_____

Hier ist noch Platz für ein Babyfoto von dir:

2.4 Werkstattmaterialien Gefühle

Liebe Körper **Gefühle** **Gefühle 1**

Wie fühlst du dich, wenn …?

Zieht abwechselnd eine Fragekarte.

Lies sie deinem Partner vor.

Lass ihm genügend Zeit für die Antwort!

So könnt ihr antworten: „Ich fühle mich …"
                oder   „Ich bin …".

Überlegt zusammen, was man machen kann!

Liebe Körper **Gefühle** **Gefühle 2**

Wie fühlst du dich heute?

Du kannst traurig, wütend, verärgert, sauer, mutlos, ängstlich, betrübt, betroffen, bedrückt, zornig, einsam, verbittert, beleidigt, gekränkt, glücklich, begeistert, froh, freudig, fröhlich, lustig, erleichtert, nervös, unsicher, verschämt, stolz, zufrieden, verlegen, verliebt, erstaunt … sein.

Schreibe auf, wie du dich heute fühlst. Beschreibe, warum du dich heute so fühlst. Male ein Bild von dir, bei dem jeder erkennen kann, wie du dich heute fühlst!

Liebe Körper **Gefühle** **Gefühle 1: Fragekarten**

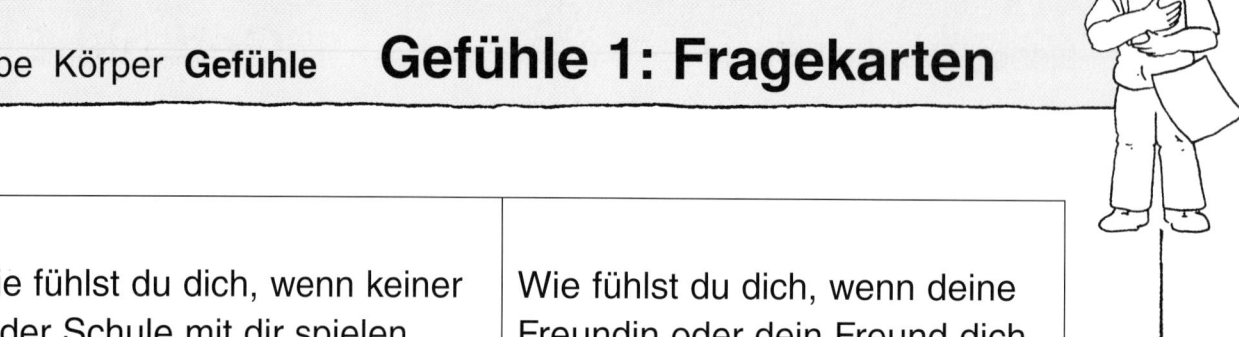

Wie fühlst du dich, wenn keiner in der Schule mit dir spielen oder arbeiten möchte? Was kannst du machen?	Wie fühlst du dich, wenn deine Freundin oder dein Freund dich einfach nicht mehr beachtet? Was kannst du machen?
Wie fühlst du dich, wenn du dich verliebt hast, der Junge oder das Mädchen dich aber nicht beachtet? Was kannst du machen?	Wie fühlst du dich, wenn du dich verliebt hast und die Kinder aus deiner Klasse dich hänseln? Was kannst du machen?
Wie fühlst du dich, wenn du einen Erwachsenen etwas über die Liebe fragst, der dich aber nur belächelt und keine Antwort gibt? Was kannst du machen?	Wie fühlst du dich, wenn du jemandem, den du sehr gern hast, deine Gefühle gestehst – er oder sie aber nur darüber lacht? Was kannst du machen?
Wie fühlst du dich, wenn alles in der Schule schief geht, weil du immer an ein anderes Kind denken musst? Was kannst du machen?	Wie fühlst du dich, wenn du aus Angst nicht deine Zuneigung zu einem Jungen oder ein Mädchen zeigst? Was kannst du machen?
Wie fühlst du dich, wenn du in der Schule eine schlechte Note schreibst? Was kannst du machen?	Wie fühlst du dich, wenn eine andere Person dich immer fest drückt und küsst, obwohl du das nicht magst? Was kannst du machen?

Liebe Körper **Gefühle** **Gefühle 3**

Gefühle mitteilen können …

Vielen Menschen fällt es schwer, über ihre Gefühle zu reden. Das Leben wäre oft viel einfacher, wenn man ehrlich seine Gefühle äußern würde. Es tut jedem besonders gut, wenn er etwas Schönes und Wahres gesagt bekommt.

Schreibe einem Menschen, den du magst, einen Brief. Es kann ein Kind aus der Klasse, ein Freund, eine Freundin oder jemand aus deiner Familie sein. Schreibe in dem Brief mindestens drei Dinge auf, die dir an ihm oder an ihr gefallen. Es soll etwas Schönes und Wahres sein!

Liebe Körper **Gefühle** **Gefühle 4**

Erlebnisse erzählen

Wann hast du dich schon einmal glücklich, wütend, traurig, verliebt, stolz, einsam … gefühlt?

Such dir einen Partner oder eine Partnerin aus der Klasse, dem oder der du solche Erlebnisse erzählen möchtest.

Legt die Gefühlskarten offen vor euch auf den Tisch. Sucht euch abwechselnd eine Karte aus und erzählt ein Erlebnis dazu.

Einigt euch, wer beginnen darf!

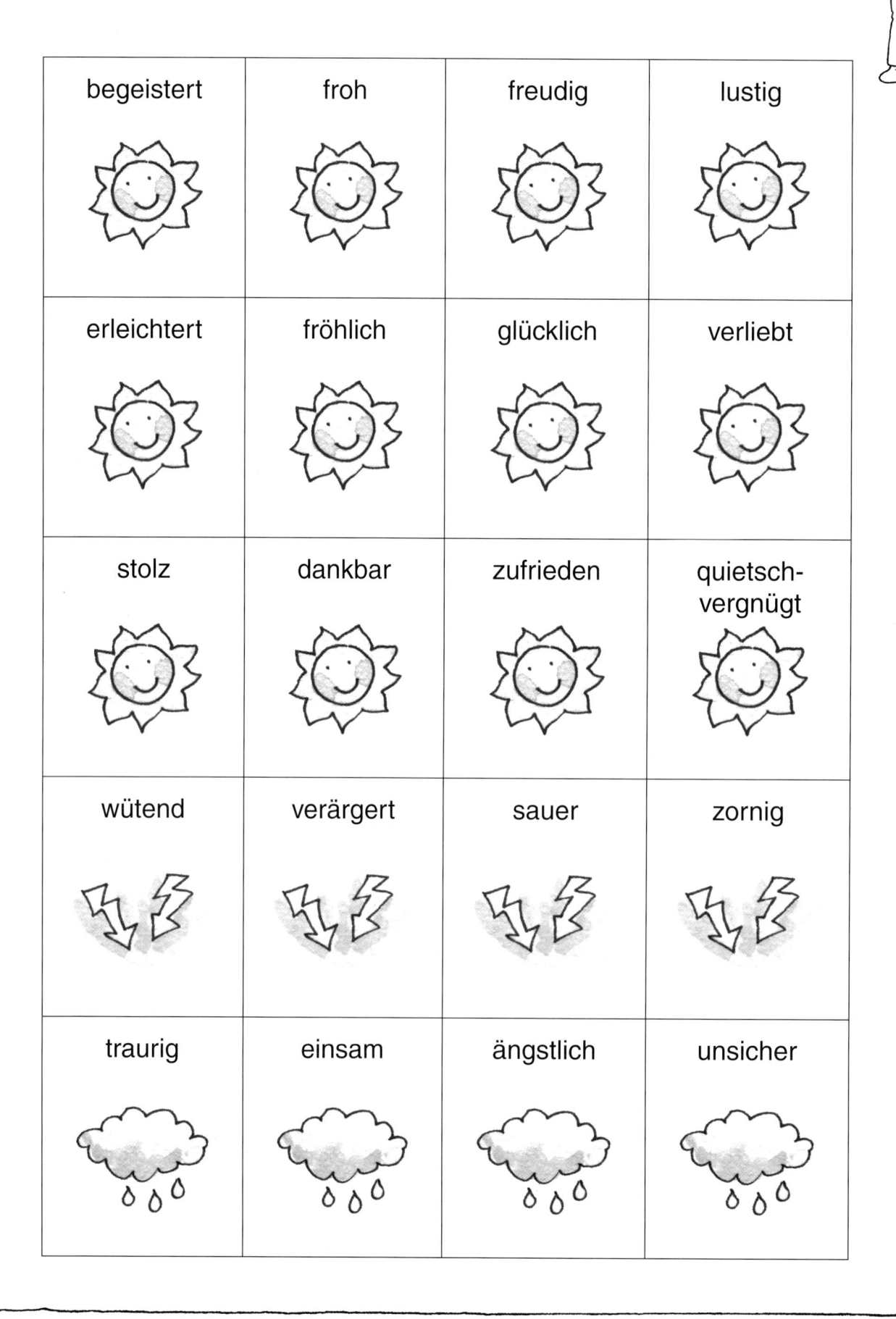

Liebe Körper Gefühle Gefühle 4: Arbeitskarten

begeistert	froh	freudig	lustig
erleichtert	fröhlich	glücklich	verliebt
stolz	dankbar	zufrieden	quietsch-vergnügt
wütend	verärgert	sauer	zornig
traurig	einsam	ängstlich	unsicher

Liebe Körper Gefühle **Gefühle 4: Arbeitskarten**

nervös	verlegen	beleidigt	mutlos
betrübt	gekränkt	bedrückt	verbittert

Schülernah, handlungsorientiert und aktuell!

Marion Statz
Gemeinschaft – Freundschaft – Streit
Kindgerechte Angebote für einen Werkstattunterricht in der Grundschule

64 S., DIN A4, kart. Best.-Nr. **3443**

Wenn Kinder aus sehr unterschiedlichen Kulturen und mit verschiedenem Hintergrund in der Schule aufeinander treffen, setzt der freundliche Umgang miteinander oft einen langen Weg des Lernens voraus. In den wenigsten Fällen reicht es aus, zum Anfang der Schulzeit Kennenlern-, Kooperations- und Vertrauensspiele durchzuführen, um im Anschluss daran die Klassenregeln zu besprechen. Schlagen, Stoßen und Beschimpfen gehören trotzdem oft zum Schulalltag.

Mit über 30 erprobten Angeboten für den Werkstattunterricht werden wichtige Impulse gegeben, die dazu beitragen, die Alltagsprobleme in der Schule zu bewältigen. Die Klassengemeinschaft wird gefördert und die Kinder werden in ihrem Sozialverhalten und in ihrer Bereitschaft zu einer friedlichen Konfliktlösung gestärkt.

Ilona Katharina Schneider
Abenteuer Freundschaft
Geschichten und Materialien für die Sozialerziehung in der 1. und 2. Klasse
Mit Kopiervorlagen und 40 farbigen Erzählbildern

144 S., DIN A4, kart. Best.-Nr. **3683**

Aller Anfang ist schwer: Die kleine Schnecke wünscht sich so sehr einen Freund, doch der flinke Käfer hat kein Interesse – bis er schließlich in eine Notlage gerät und Hilfe braucht!
In insgesamt neun Geschichten dieser Art wird mit Hilfe der beiden Waldbewohner ein moralisch-emotionales Themenspektrum entfaltet, das jüngere Kinder in der **Vor- und Grundschule** anspricht und zum Fragen und Nachdenken anregt.

Susanne Niggemeyer
„Wo war ich eigentlich vor meiner Geburt?"
Sexualerziehung in der 2. Jahrgangsstufe
Kopiervorlagen

120 S., DIN A4, kart. Best.-Nr. **3515**

„Wo war ich eigentlich vor meiner Geburt?" Dieser spannenden Frage wird in zehn fächerübergreifenden Unterrichtseinheiten nachgegangen. Anhand von Gedichten und Geschichten, Unterrichtsbesuchen, Modelldarstellungen, Fotografien und Geburtsanzeigen finden die Schülerinnen und Schüler einen kindgemäßen Zugang zum Thema. Auf emotionaler Ebene entdecken sie die biologischen Grundlagen, staunen darüber, wie sich ein kleiner Mensch im Bauch entwickelt, lernen etwas über Babypflege u. v. m. In diesem Buch finden Lehrkräfte nicht nur detaillierte Unterrichtsverläufe mit vielseitigem Arbeitsmaterial, sondern auch eine parallel einsetzbare Ganzschrift. Kopiervorlagen für einen erfolgreichen Elternabend sowie die Darstellung sachlicher und rechtlicher Grundlagen komplettieren den Band.

Auer BESTELLCOUPON Auer

Ja, bitte senden Sie mir/uns

___ Expl. Marion Statz
Gemeinschaft – Freundschaft – Streit
Best.-Nr. **3443**

___ Expl. Ilona Katharina Schneider
Abenteuer Freundschaft Best.-Nr. **3683**

___ Expl. Susanne Niggemeyer
„Wo war ich eigentlich vor meiner Geburt"
Best.-Nr. **3515**

mit Rechnung zu.

Bitte kopieren und einsenden an:

**Auer Versandbuchhandlung
Postfach 11 52
86601 Donauwörth**

Meine Anschrift lautet:

_____
Name/Vorname

_____
Straße

_____
PLZ/Ort

_____
Datum/Unterschrift

_____
E-Mail

Rund um die Uhr bequem bestellen unter:
Telefon: 01 80/5 34 36 17
Fax: 09 06/7 31 78
E-Mail: info@auer-verlag.de

Praxisorientiert und topaktuell: Materialien von Auer!